宁
波
文
化
丛
书

宁波文化丛书 第二辑
主编 陈利权

四明首镇

鄞江历史文化溯源

虞浩旭 著

宁波出版社

本书系宁波市文化研究工程项目

图书在版编目（CIP）数据

四明首镇：鄞江历史文化溯源 / 虞浩旭著 . — 宁波：宁波出版社，2017.10（2018.11 重印）
（宁波文化丛书 . 第 2 辑）
ISBN 978-7-5526-3079-4

Ⅰ . ①四… Ⅱ . ①虞… Ⅲ . ①乡镇—文化史—宁波 Ⅳ . ① K295.55

中国版本图书馆 CIP 数据核字（2017）第 257480 号

丛 书 名	宁波文化丛书·第二辑
丛书主编	陈利权
本册书名	四明首镇：鄞江历史文化溯源
著　　者	虞浩旭
责任编辑	王　苏
责任校对	俞静娴
装帧设计	金字斋
出版发行	宁波出版社
地　　址	宁波市甬江大道 1 号宁波书城 8 号楼 6 楼
邮　　编	315040
网　　址	http://www.nbcbs.com
电　　话	0574-87264975（编辑部）
印　　刷	宁波白云印刷有限公司
开　　本	710 毫米 ×1000 毫米　1/16
印　　张	11
字　　数	163 千
版　　次	2017 年 10 月第 1 版
印　　次	2018 年 11 月第 2 次印刷
标准书号	ISBN 978-7-5526-3079-4
定　　价	29.00 元

（版权所有　翻印必究）
图书若有倒装缺页影响阅读，请与出版社联系调换。电话：0574-87248279

总序

唤醒宁波的文化之魂

◎ 何 伟

（一）

中国的古城实在不少，若论我国沿海最早的文化古城，只要稍稍具备历史地理的眼光，都会聚焦宁波——中国大陆海岸线的中点。

这座从远古走来的名城，河姆古渡的骨哨一吹就是七千年，展开了一幅幅风云际会的历史长卷。翻开谭其骧先生主编的《简明中国历史地图集》，不难发现宁波在我国沿海各大城市中的"早熟"：当宁波沐浴河姆渡的文明曙光时，我国海岸线上的先民基本还处于文明的空白处；当宁波先秦时期设县建制，广州还是邻近番禺的宁静村庄；当宁波唐代建州（相当于今天的地级市），已是"海外杂国，贾舶交至"的繁华城市，此时的上海还只是一个海滨渔村；宋代的宁波已是我国闻名国际的四大港口城市之一，天津还是名不见经传的一片滩涂；及至近代宁波作为"五口通商"被迫开埠，青岛、大连等城镇化才刚刚起步，更不必说改革开放后才崛起的深圳了。

如此"炫耀"的类比，无意仰己抑人。只想说明，以商城闻名的宁波，其实是隐身的文化重镇。其文化价值和地位，显然是被低估了。仅以中华文明源头之一的河姆渡为例：其制陶、稻谷和干栏式建筑的发现，修正了我国学术界总把黄河流域作为中华民族的唯一摇篮的定论，确认了长江流域是中华民族另一个发源地。其出土的代表海上活动的六支桨，印证了宁波先民是我国"海上丝绸之路"的先驱，为我国台湾和太平洋岛屿的文化作出历史性的贡献。澳大利亚悉尼市迪米蒙地电影制片公司在20世纪80年代拍摄了一部记录太平洋沿岸历史的影片，其序幕就是从河姆渡开篇的。

宁波文化矿藏的丰富性和不凡品质，还在于这里是海上丝绸之路的起源地之一，中国大运河的出海口之一，沿海城市中建城的起源地之一，金融史上我国钱庄的发源地之一，海运史上造船和航海的发源地之一……总之，宁波文化是整个中国文化经络中一个很关键的穴位。宁波的历史区域文化，犹如一座丰盈的藏书楼，在文化复兴的聚光灯下，亟须整理与传播。

宁波历史文化何其久也，宁波地域文化何其丰也，先贤前辈们已经为宁波开辟出了一块文化沃土。每念及此，作为祖籍宁波、生活于宁波的我，不禁对家乡深厚的文化遗产肃然起敬。可是，在今天追赶现代化国际港口城市的目标时，有多少宁波人还记得曾经的灿烂？又有多少人了解宁波往昔的辉煌？

（二）

区域文化研究的兴盛和传承，是近年来国内学界的独特景观，既得益于文化的复兴，又受到区域发展竞争的推动。齐鲁文化，燕赵文化，三晋文化，巴蜀文化，吴越文化，荆楚文化，岭南文化，等等，不一而足。这股热潮也波及作为吴越文化分支之一的宁波文化。

某种文明的价值观、思维方式和风俗习惯等，根本上是由地缘自然条件所决定的。文明所处的地缘环境与精神性格之间有着必然的因果关系。法国历史学家布罗代尔认为，影响一个文明的精神气质最根本的因素，是地理条件和自然环境，换成老百姓的说法，就是"一方水土养一方人"。

宁波地处东海之滨，三面环山，潮汐出没的宁绍平原居中，多类型地貌孕育出姚江、奉化江、甬江流贯其中，江河湖海点缀其间，构成了宁波"经原纬隰，枕山臂江"的地理特征。"南通闽广，东接倭人，北距高丽，商舶往来，物货丰溢。"（宝庆《四明志》）"自宋以来，礼俗日盛，家诗户书，科第相继，间占首选，衣冠人物甲于东南。"（成化《宁波府志》）

文化早熟的宁波好比一个内敛聪慧的智者，有外貌形象，有性格气质，也有个性脾气。发源于四明，耸立于三江，兼得中西交汇之利，倚其7000年的文明发展，塑造了一整套属于自己的优秀文化符号、习俗和精神，说得洪亮一点，叫作"宁波文明"。

每一个城市都有自己的来龙去脉，每一座城市都有独特的文化符号。宁波的文化特质，如果要用极精简的字词来表达，就是"江海"和"商贾"。水路交通和商帮文化是阅读宁波风云际会悠长岁月的两个关键词。伸展开来，从类型看，有海洋文化、农耕文化、港口文化、海防文化；从特质看，有商帮文化、耕读文化、工匠文化、饮食文化；从思想看，有浙东文化、佛教文化；从文人看，名儒硕彦，人文荟萃，有南宋的心学先贤"甬上四先生"，有先生之风山高水长的严子陵、知行合一的心学大师王阳明、开启日本明治维新的导师朱舜水、工商皆本的民本思想家黄宗羲……正可谓千年古城，百年风云，几度沉浮，气血不衰，乃文化之力也。

（三）

一座城市的持久吸引力，不在林立高楼，而在文化气质。让城市站立不衰的，是文化"软实力"。表面上看，决定城市差异的是经济，骨子里是文化。今观神州，仰赖房地产狂奔的造城运动，流水线般建造的排排高楼大厦取代古城旧貌，割断了多少城市的历史脉络，推平了多少地域审美特征，埋葬了多少丰厚的历史记忆，已经无法计算。宁波籍文化大家冯骥才先生认为，我们中国历史悠久，民族众多，地域多样，每个城市都有独特和鲜明的城市形象。可惜，现在我们660个风情各异的城市形象基本都消失了，即使有，也支离破碎，残缺不全，很难再呈现出一个整体的城市形象。眼下，追名逐利遗失了文化，随波逐流遗忘了故乡，身在故乡而不知故乡何在。

　　物欲越是膨胀，文化越是珍贵。宁波人之所以成为宁波人，并不是因为出生在宁波，而是身上承载着宁波的文化符号和基因。这些由宁波的风俗、语言和信仰因素组成的"宁波腔调"，以及地缘、血缘关系组成的坐标系，会让人们知道自己是谁、从哪里来。不论你身处世界何地，只要据此便可找到家乡，认祖归宗。如果遗失了宁波文化，即使站在这片土地上，也很难再是宁波人。令人忧心的是，在现代化城市化的急切步伐下，本土历史文化面临诸多存亡考验。公路毁了，可以修复；房屋塌了，可以重建；文化遗产一旦"消失"，如同绝迹的物种，没了，就永远没了。现代人精神家园的迷失和情感归属的危机，成为一种流行国际的精神疾病，正是文化除根后流离失所的后遗症。

　　今天的宁波缺什么？不少人感叹缺文化，我看来，表述不很准确。宁波并不缺少文化，缺的恐怕是对丰厚文化的记忆和传承。"文之无书，行之不远"，作为文化工作者，作为宁波人，我们深恐随着时间的推移，宝贵的精神财富因文字的阙如而流失，随着记忆的衰退而归零。把文化摆在什么位置，不仅仅取决于政府，更取决于每一个厕身其间的市民的态度。文化是城市之魂，是我们这座城市安身立命的基座。唤醒城市记忆的味道和画面，保护并标出宁波的文化风景线，绘制文化地图延续文脉，亟须一套权威、全面、通俗的文化读物。本丛书的出版和传播，即是努力之一。

（四）

本丛书的编纂，虽非规模浩大的文化工程，却颇费周折，几起几落，幸得宁波文化事业基金委员会慧眼识珠，忝列扶持项目，又得宁波市委副书记余红艺及市委宣传部等部门的鼎力支持，宁波出版社调集精干，组织本地学界文化精英，殚精竭虑，撰写这套丛书。

自2012年始，编纂委员会成立并确定了丛书的编纂大纲，专家们从宁波地理文化和历史文化的坐标中，尽可能筛选出具有鲜明特色和传承价值的内容作为首批选题。第一辑八种，选题侧重反映对宁波发展最具影响力、最具代表性的八个方面地方特色文化。计划此后逐年推出各类文化系列，集腋成裘，奉献出宁波文化的"满汉全席"。

丛书着力点不在学术钻研和考证，而在文化的普及和传播，定位在文化"小吃"，充其量是宁波文化史的通俗版、系列专题篇，绝非贯通一气的皇皇巨著。丛书力求编排图文并茂，文字通俗易懂，集知识性与文学性、学术性与普及性于一体，雅俗共赏，老少皆宜，为大众提供一张文化寻根的导游图，以及一杯安顿旅者心境的下午茶。于闹市中拾取一份宁静，于纷繁中理出一片安详，于浮尘中闻到一缕书香，于物欲中寻得精神的家园。

（本文作者为宁波日报报业集团原党委书记、董事长）

目 录

总　序　唤醒宁波的文化之魂　001

【前言】向人只说鄞江好　001

【一】首镇辉煌五百载（建制沿革）　007

【二】光溪山水甲明州（山水文化）　017

【三】合郡供给仰它山（水利文化）　043

【四】八邑通衢商贸盛（庙会文化）　053

【五】江桥掩映暮帆迟（桥梁文化）　063

【六】千锤万凿出深山（采石文化）　075

【七】鄞江名族真男儿（古建文化）　085

【八】五龙潜处野云闲（神龙文化）　097

【九】物外佳境禅房深（佛教文化）　107

【十】四明风流数溪上（名人文化）　119

四明首镇

【十一】土沃民逸乡风好（村落文化） 133

【十二】红色堡垒闪光辉（革命文化） 139

【十三】世间风味鄞江颊（风物特产） 145

【前言】

向人只说鄞江好

四明首镇

宁波有一小镇，其山水甲四明，鄞州之鄞江是也！

鄞江位于四明山东麓、宁波市西南面，属半丘陵半平原地带。地形东西窄，南北长，呈条状；樟溪、鄞江自西向东穿过，南塘河自西南向东北流经。属亚热带季风气候区，秋夏长，春冬短，热量丰富，雨量充沛，日照充足。大自然为其发展提供了良好的先天条件。

鄞江有明确记载的历史始于东晋。东晋隆安五年，即公元401年，大将刘裕在鄞江建句章县新县城，是鄞江为县治之始。从此，鄞江镇成为县、州治所达500余年，成为浙东政治、经济、文化、交通中心。

鄞江古镇特色可用"四多"概括：山多、水多、桥多、石多。鄞江背靠四明山，山多自不待言，其山是"望去西山千万重"，是"诸山个个欲称雄"。水多，则有鄞江、樟溪、建岙溪、清源溪、卖柴岙溪、南塘河，其水是"闲看门前碧玉流"，是"百里长堤几曲弯"，是"清可照人心"。因为水多，所以桥也多，是玉龙饮水，是长虹凌波。古镇为著名的梅园石、小溪石产地，石宕壁立，石坝横亘，石径幽深，是石构古镇。

鄞江古镇在整个樟溪、鄞江流域文化中有着重要的地位。"青山西去连四明，绿水东流入甬江。"它上接四明山，外通三江口，鄞江与浙东运河和海上丝路相通，小溪港与鄞西平原水网相连，南塘河直入宁波城。它又是四明山的出山口、东大门，是四明锁钥，是浙东水陆交往的重要通道，八邑通衢之地。它还是曾经货聚山海，语杂八方，舟楫夜泊，绕岸灯辉，市井晨炊沿江雾布的商业重镇。

"光溪山水甲明州，花竹禽鱼事事幽。阅尽西南行乐处，无如此地日狂游。"鄞江田园风光如诗如画，文化遗产丰富多彩，是宁波西南最可狂游的行乐处。

鄞江因它山堰而闻名。它山堰始建于唐太和七年（833），是一座综合性的水利工程，是全国重点文物保护单位，2015年入选世界灌溉工程遗产。它山半岛上新安朱氏上如松、下如松和小如松古建筑群，计有三十六幢，每幢五间一弄，共一百八十间。其布局合理，造型古朴，是鄞江古镇最古老、最繁华的街道，可谓"半是乡村半是店，可为耕种可为商"的典型。

它山堰

镇南的鲍家墈（又称"鲍家礅"）古村，则最符合古代村子选址"傍水结村，依山造屋""溪河似金带环抱"的风水理论。这两处保存完好、极具规模、古朴典雅的建筑群，成为展现鄞江古镇风貌的绝佳窗口。

鲍家墈以南的悬慈畈，有江岸、河滩、溪流、水塘、稻田、村庄，南临丹丘地貌的清秀山林，有"霜衣雪发青玉嘴，群捕鱼儿溪影中"的白鹭栖息地，有"方池如鉴碧溶溶，锦鲤游扬逐浪中"的鄞江锦鲤，淋漓尽致地体现出了自然山水空间的灵气，给人以不同的审美感受。镇北的上化山、锡山石宕，经过漫长岁月的沉淀，遗址内形成了"丹崖碧水、峭壁深潭"的类石林景观，令人想起那久远的采石岁月。

而林壑最为奇美的当属它山谷地。谷地由它山、王家汇山、上化山、人头岩四山合会而成，樟溪蜿蜒而过，两岸岚光浮翠，鸣禽之下，古木交

四明首镇

鄞江历史文化溯源

阴。樟溪之上,溪草柔婉,野鸭凫泛,白鹭起舞,鱼翔浅底。人头岩岩石似人面,欹崟百仞。王家汇崇岩壁立,巨壑崩冲,竹木青葱,冈岭隐现。晴江岸,古树积翠,郁郁青青。麻滩湿地,茅草遍野,桑麻遍地。天顺里、李家滩,长楼俯水,门系钓艇。平水潭、钟潭、青龙潭,潭水清冽,回清倒影,青龙潭边一堰雄踞。诚山水甲四明之地。

群溪毕会,水清如镜,岩峦拥秀,千篙竞发,碧瓦朱甍,翚昚鳞比,望之如神仙居的鄞江,自然吸引文人骚客在此隐居、休闲。唐贺知章首居乡岩。两宋时期,文人更乐居于此,魏杞"告老隐居小溪,遍游诸名山,与张良臣相唱和,绝口不言时政";"生死有高义,不独羡林泉"的书法家张即之居

鄞江它山谷地

仲夏；"淳熙四先生"舒璘再传弟子、诗人安同义"退隐里之小溪（环村）"；"南迁仗锡东同谷"的东发学派创始人黄震"居湖上，又居同谷，居小溪"，与安同义"结同岑"。此外尚有丰稷、陈显、楼钥、王应麟等都曾在以鄞江为核心的鄞西南结庐闲居，一时称盛。

鄞江区域并不广袤，而独特的山水地理环境，形成了亦耕亦渔亦樵、闲暇时多喜读诗书的风尚。"村中屋舍修整，屡闻书声，风俗异于他处"，是典型的"耕读渔樵"人家，民风淳朴。而"植楂奉母""悬慈救母"的故事，则是慈孝文化的最好体现。

"四明八百里，物色甲东南。"钟灵毓秀的鄞江山水不仅哺育了一代代

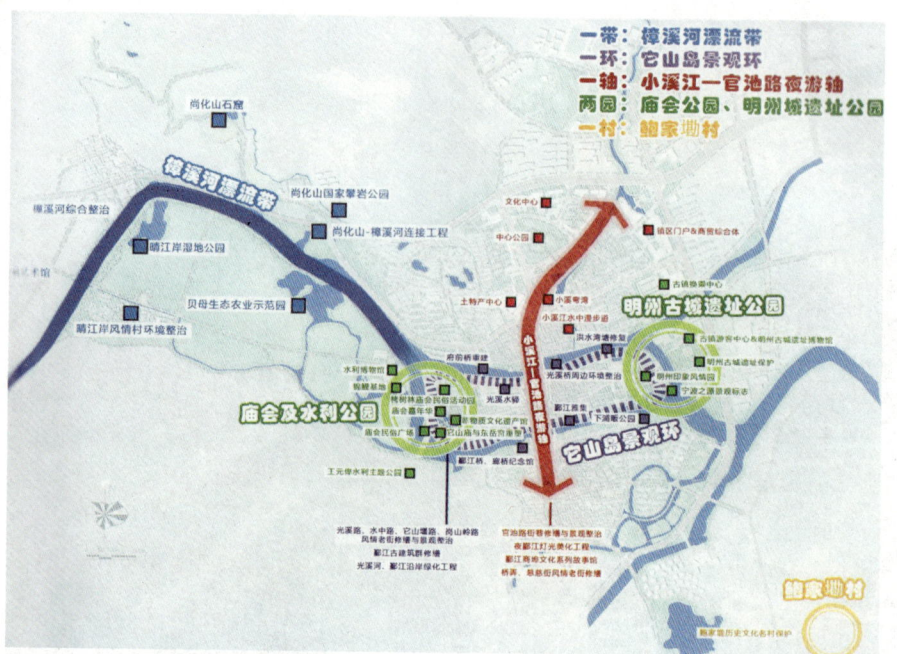

《鄞江古镇总体规划图》

文人和鄞江人民,也孕育出独特的物产。历史上的鄞江就有大名鼎鼎的小溪橘柚、建岙栗子、蕙江青鳊、响岩鸬鹚,而今光溪银鱼、樟溪青蛳、鄞江锦鲤、前门白鹭、它山白茶、清源芋艿、东魁杨梅、小溪贝母、贝母地菜、夏生萝卜等,更是闻名遐迩。

如今,身处"群山环绕水穿城,碧水青山绿绵延"的山水小镇,乡愁自然无法抹去。

虞浩旭于它山艺术博物馆

2017 年 8 月 15 日

【二】

首镇辉煌五百载(建制沿革)

句章古城遗址

一、刘裕筑城小溪镇

据嘉靖《宁波府志》记载："刘宋武帝讨海贼孙恩，改筑（句章县治）小溪镇，故名其江曰鄞江，名其乡曰句章。"《大清一统志》"句章故城"条也云："有二，一为汉县，在慈溪县界……晋改筑城于小溪镇，此城遂废……旧志：在今慈溪县西南十五里城山渡东是也。一为晋县，在今鄞县南，晋隆安四年（400），孙恩作乱，刘牢之等讨之，改筑句章县于小溪镇，即此。"其他的方志，如《大明一统志》《宁波府简要志》，包括此前的"宋元四明六志"都有类似的记载。这一记载大致反映了以下史实。

隆安三年（399），信奉五斗米道，因煽动百姓、私集徒众而逃于海上的孙恩，借"乐属"事件引发的人心不稳，率众乘机进攻上虞并杀上虞县令，随后攻克会稽，杀内史王凝之，部众增至数万人。当时会稽、吴郡、吴兴、义兴、临海、永嘉、东阳、新安等三吴八郡群起响应，孙恩部众亦增至数

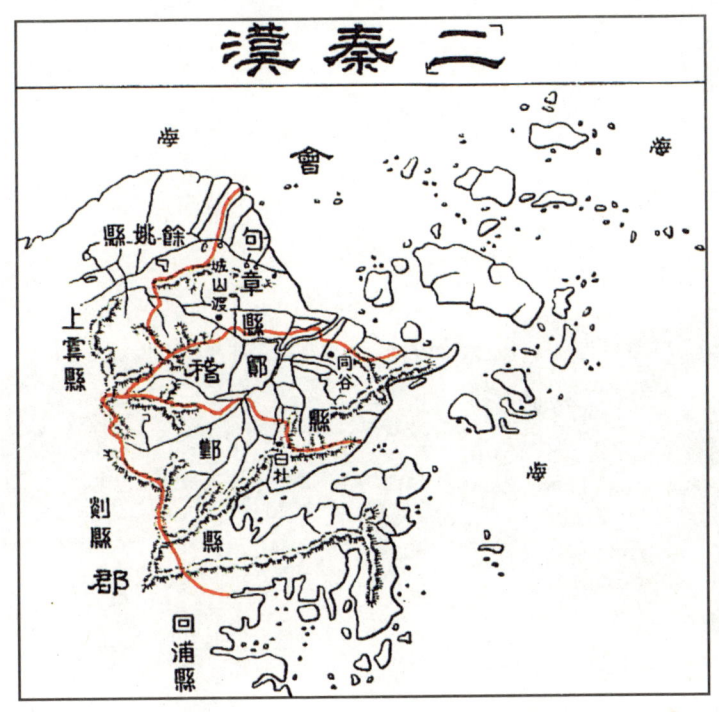

鄞县秦汉时期地图(《鄞县通志》)

十万人。于是朝廷内外戒严,遣徐州刺史谢琰与镇北将军刘牢之前往镇压。不久刘牢之渡江,孙恩率所虏掠二十多万民众撤回海岛,开始不断袭扰沿海。

隆安四年(400)五月,孙恩率部众攻浃口(今镇海口),入余姚,破上虞,逼近会稽,后还于海。次年,孙恩又从浃口入,但被刘牢之击败,再度逃入海岛。自此,孙恩不断在沿海骚扰,刘牢之则缘海筑垒防备,其手下得力大将刘裕更是多次大败孙恩。

刘裕出身寒门,但据说和阿Q一样,刘家"先前也阔过"。按《宋书》的记载,他是汉室宗亲,楚元王刘交之后。刘裕刚出生便死了娘,又被爹抛弃,便被寄养,得小名:寄奴。很长一段时间,他在京口瞎混,是个京口古惑仔,好赌,据说也倒过鞋,有点像同宗的刘备。后来为了一个出人头地的梦想,投入北府军中,并成为一名小军官。出身低微的人中,有一些蔑视规矩、敢想敢干、赌徒似的亡命之徒,他们往往更善于抓住命运的赐

悬慈桥

予,来实现鲤鱼跳龙门。孙恩起义给了赌徒刘裕一个机会。三十六岁的刘裕终于出头了,不鸣则已,一鸣惊人,成了北府军中一颗突然崛起的新星,从此开启了他叱咤风云的下半生。

孙恩的水军从现在的镇海口登陆,溯江而上,过现在的三江口,沿姚江北上,攻慈溪,入余姚,破上虞,围会稽,这是一条比较经典的海上进攻路线,后来鸦片战争中英军也是依这条路线进攻。当时浙东地区设置有鄞、鄮、句章三县,句章城就位于今天姚江边江北区慈城镇王家坝村一带,虽占据要道,交通便利,但无险可凭,经孙恩二次攻掠,终于失守而成破城。战事未息,只得另择城址。

为什么刘裕选择了鄞江?古代城址选择自有其原则,一般需有广阔平原和腹地,水陆交通便利,地形有利,地势高低得宜。城市的性质不同,选址的要求也有差异。譬如,以防御为目的的城市,城址就必须选择在地理形势险要的地区;以航运为主的城市,城址必须选择在江河沿岸或港

光溪桥

口码头地区；以工商业为主的城市，城址必须选择在交通要道之上；以采矿为主的城市，城址必须靠近矿区；以旅游为主的城市，城址必须选择在风景区的近旁，或具有多种名胜风景功能的地区等。

鄞江具备了一般城址所必需的条件。首先，它拥有广阔的平原。平原是中国城市的摇篮。平原地区自然环境优越，地形平坦，交通方便，水源丰富，物产丰盈，能为城市的兴起和发展提供一切必要的条件。仅土地资源一条就使城市有足以回旋的余地。物产丰盈更使城市的发展具备雄厚的物质基础。因此，中国早期的城市无不在平原之上，正如范蠡对越王勾践所说："今大王欲立国树都，并敌国之境，不处平易之都，据四达之地，将焉立霸王之业？"广袤富饶的鄞西平原为建城提供了基础。

其次，交通方便。城市是一个地区政治、经济和文化的中心，城址选择必须考虑水陆交通条件，即交通方便。城市不是一个孤立的点，而涉及一个广大的面，交通方便就必然成为城市兴起、发展的支柱和杠杆，容易形成区域性的中心。

鄞江既是一个平原和山区的接合部，又是鄞江和南塘河的终端，过去没有公路，物资全靠水上交通运输，四明山区的物资进出一定要通过竹筏在鄞江中转后发往四面八方。原来的鄞江古木桥南曾有"八邑津桥"额题，所谓"八邑"，即余姚、慈溪、镇海、定海、奉化、宁海、象山、新昌等地，足以证明鄞江桥为古代"八邑"商旅所经之重要通道。

第三，腹地广阔，物产丰盈，就近解决供养问题。物产丰盈指农、林、牧、副、渔、矿、水等各种物质资源丰富，既能为城市的兴起提供必要的物质基础，广阔的腹地又能使农产品迅速集散。物色甲东南的八百里四明山使城市能最大限度地得到供养。

第四，地形有利。城址必须选择在地形险要的地区之中，能够充分防御，以利于城市的安全。地势高低得宜，能最大限度地解决城市用地用水问题，为城市发展提供保障。鄞江背靠四明山东脉，坐落在樟溪河出山口的冲积平原上，恰恰符合这些条件。

总之，鄞江的城址选择，傍山、倚原、临河，位于樟溪河的山前冲积扇上，平原开阔，水源丰富，地势高低适中，既可省去修筑沟防之力，又能方便引水，解决城市供水问题。总之，此地符合《管子》所说"凡立国都，非于大山之下，凡于广川之上，高毋近旱而水用足，下毋近水而沟防省。因天材，就地利"的原则。

同时，选择鄞江，还有两个独特的原因。一是港口的需求，二是军事的需求。位于姚江边的句章港是战国时期的九大港口之一，海上交通便利，替代它成为县治的地方必须具备这一功能。鄞江位于江河交汇之处，樟溪在它山岛分两路，一路通过鄞江入奉化江，奔向大海，一路通过南塘河流入宁波城，可与运河、海上丝路相连。而在当时的背景下，军事上的考虑似乎更多些。孙恩以岛屿为基地，号称楼船三千，是水军，刘牢之、刘裕除缘海筑城防御外，还得找一地训练水军，对此，鄞江也是一个很好的选择。同时，驻兵鄞江可与姚江一线城镇互为犄角，以便牵制或夹击敌人，可直下三江口断孙恩后路，使孙恩不敢溯姚江而上，直捣浙东的中心会

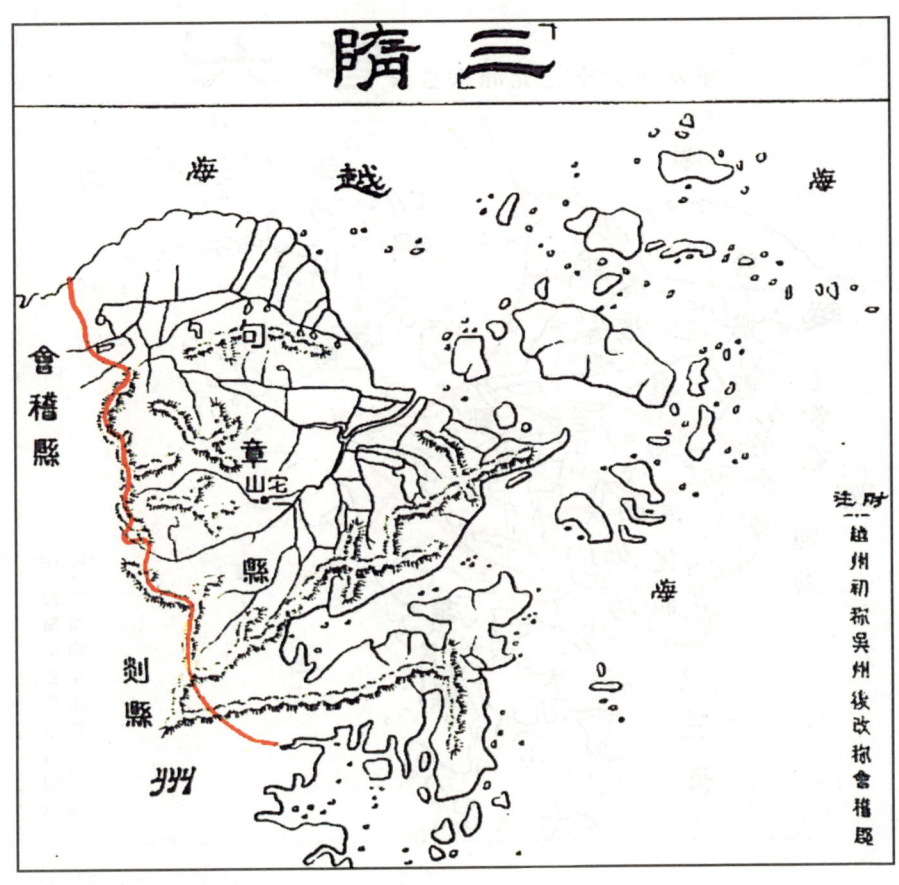

隋朝越州地图(《鄞县通志》)

稽。在鄞江筑句章城后,孙恩再也不入浃口,只沿海北上南下攻袭,句章城的军事作用明显。同时,刘裕在讨伐孙恩的过程中,以浙东训练的水军为基础,不断壮大水军力量,使强大的水军成为他"奋起寒微,不阶尺土,讨灭桓玄,兴复晋室,北禽慕容超,南枭卢循,所向无前"的资本,成就了他"金戈铁马,气吞万里如虎"的伟业。鄞江被称为刘裕的福地。

二、首镇辉煌五百载

宁波历史悠久。早在七千年前,先民们就创造了灿烂的河姆渡文化。春秋时为越国地。公元前482年,勾践为发展水师,增辟通海门户,在其

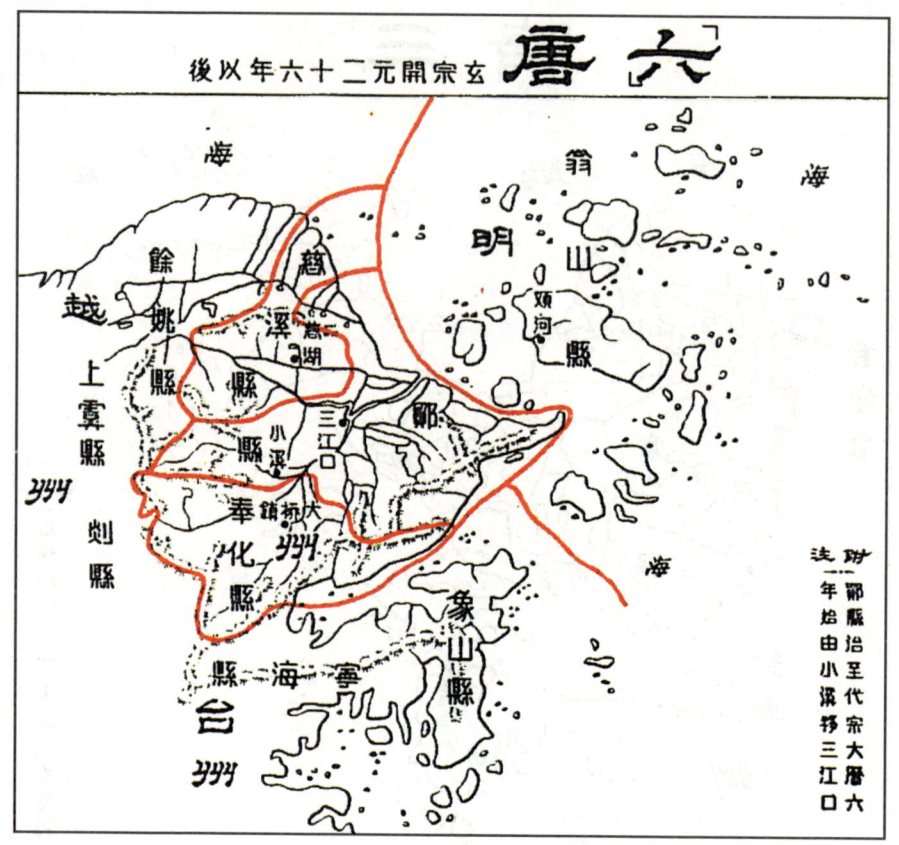

鄞县唐代地图(《鄞县通志》)

东疆句余之地开拓建城,称句章。句章是甬江流域出现最早的港口,是会稽的海上门户,句章作为海上交通和军事行动的出入港口而屡见史册。句章古港在6世纪逐渐衰落后,甬江流域的港口开始东迁三江口。战国中期以后为楚国辖地。公元前222年,秦定楚江南地,置鄞、鄮、句章三县,县治分设在今奉化白杜、鄞州同谷、江北城山渡,属会稽郡。东晋隆安五年(401),句章县治从姚江边的城山渡迁至小溪(今鄞江镇)。至隋开皇九年(589),三县同余姚合并,称句章县,史称"大句章",县治仍设小溪镇,又称"大句章城"。真所谓"自刘宋及隋,句章县皆治此"是也。

唐武德四年(621),废句章县,改置鄞州,还设鄞州州治于小溪镇。唐武德八年(625)改称鄮县,属越州。唐开元二十六年(738)设明州,辖鄮、慈溪、奉化、翁山四县,州治与县治合治,均在小溪镇,小溪地位上升。鄞江为宁波城市之根的说法即来源于此。唐大历六年(771),鄞县县治由小溪迁至三江口,三江口进入快速发展期。唐长庆元年(821),明州州治迁至三江口,鄞县县治复迁回小溪镇。

唐代行政区划的多变与浙东地区经济文化的繁荣发展相关。魏晋南北朝时期,江南的经济有了显著发展,尤其是会稽郡,成为江南最富庶的地区。隋朝结束了400年左右的分裂割据局面,对江南经济的依赖逐渐加重。为加强、改善全国的交通运输,大运河的开凿成为必然。《读史方舆纪要》称:"运河即江南河也。隋大业中将东巡会稽,乃发民开江南河,自京口至余杭八百余里。"顾祖禹说的运河是京口至余杭段,但隋炀帝要"东巡会稽",浙东运河必定要进行大规模整治。隋炀帝最后虽未到过会稽,但却使浙东大受其惠,使运河与海上丝绸之路得以沟通,使沿途经济距离缩短、文化传播加快、水运效率提高,促使浙东地区经济发展、农业增产、人口增多、城市日趋繁华。特别是越州的东部地区,因浙东运河的巨大作用,有了一条稳定的直通华东、华中、华北各地的航线。由于经济总量和港口地位的提升,行政区划管理加强成为必然。隋开皇九年(589),"大句章"的设置是一种尝试;唐武德四年(621),废句章县改置鄞州,虽然只有短短四年,也是一次积极的尝试。而一百多年后的唐开元二十六年(738),从越州析出四县为明州,使明州终于成为一个独立的行政区域。

明州的建立,促进了明州的实质性、大规模开发发展。为防孙恩起义,三江口一带自晋将刘牢之筑城始,随着浙东运河的疏浚、腹地的扩大,形成了得天独厚的海港城市。唐大历六年(771)终于成为鄞县县治。唐李肇说:"东南郡邑,无不通水;故天下货利,舟楫居多。"港口城市的快速发展,地位的上升,于是有了唐长庆元年(821)明州州治与鄞县县治互换的大事。

新明州城的发展更是迅猛。特别是唐太和七年(833)鄞县县令王元暐,在县治它山附近选址筑堰,名它山堰,"涝则七分水入江,三分入溪,以泄暴流;旱则七分入溪,三分入江,以供灌溉"。入溪之水,分由南塘河、小溪港引水灌溉鄞西平原24万亩农田。南塘河又引水入城内，蓄潴日、月两湖，再经支渠脉络，进入城内，供生活、航运用水。"水润明州，石构甬城"，鄮县小溪的物产支持了州城的建设，明州很快崛起成为我国著名的国际化港口城市，成为海上丝绸之路的起点，成为浙东经济、文化的新中心。

到了后梁开平三年（909），改鄮县为鄞县，县治也由小溪迁至三江口，结束了小溪作为州县治长达五百余年的辉煌历史。虽如此，但它一直以来还是号称"小宁波"的西南巨镇，发挥着沟通山区和平原的作用，无愧于"四明首镇"的称号。

【三】光溪山水甲明州（山水文化）

四明首镇

鄞江历史文化溯源

光溪山水甲明州（山水文化）

山水，在中国人的生活中和文化意识里，占有极重要的位置，而且人文意蕴十分丰富、深远，象征意义和符号意义极强，非常耐人寻味。

清朝张潮在《幽梦影》中说："有地上之山水，有画上之山水，有梦中之山水，有胸中之山水。"在我们民族文化心理中，山水实为一道独特的景观。

"五岳寻山不辞远，一生好入名山游。"中国文人是山水的最大爱好者，历代行吟泽畔的山水诗人，为我们民族的文学史贡献了无数关于山水的璀璨华章。历览顾恺之、李成、董源等人的山水画卷，或气象萧疏，

它山石雕艺术博物馆

或烟林清旷；诵读谢灵运、王维的山水诗，或池塘春草，春晚绿秀，或声喧乱石，色静深松；品味柳宗元、袁宏道的山水游记小品，或清峭自然，或性灵独出。是大自然的山水给予了他们艺术的血液和鲜活的神髓。

明代文人袁宏道曾说："意未尝一刻不在山水。"的确，在古代文人的精神世界里，山水可说是他们的宗教。在山水中既可领略"野旷沙岸净，天高秋月明"的自然美，又能体味"大江东去……乱石穿空，惊涛拍岸，卷起千堆雪"的崇高美，也能感受到"飞流直下三千尺，疑是银河落九天"的浪漫情怀……就连普通人，也如现代作家林语堂所言，懂得不辞辛苦爬上高山峰顶去看那浩瀚、空灵、千姿百态的云海。人们在居室中还会悬一幅山水画卷，那是他们心中保存着的对自然生活的向往。

山水，让中国人在成为生活艺术家的同时，也成了哲学家。《论语》中所说"子在川上曰：逝者如斯夫"，思考和追问的是生命的意义；老子说"上善若水，水善利万物而不争"，是对像水一样不争名利的高尚品德的赞誉。在这里，哲人由对山水的热爱与情怀，引申出了生活的哲理与大道。

今天，处于新时代的我们，总喜欢把热爱山水、向往山水、走向山水，视为一种生命意识的复归，一种身处繁华都市而超越于现实、追求自由精神的理想，一种于平凡庸碌之中营造起的潇洒"心境"。"山水"成了城市人回归自然的一个梦想。

一、灵秀四明山

清幽灵秀四明山，多彩烂漫休闲地。山水林茶画中景，天人合一胜神仙。

四明山，作为充满活力的长三角的一块璞玉，其蕴含的精致、精美、精彩，构成了令当代人向往的山水家园、精神港湾。

四明山位于浙江省东部，山脉横跨余姚、鄞州、奉化、嵊州、上虞五地，呈东西向狭长形分布，总面积66.65平方千米，多低山丘陵，山峰起伏，岗峦层叠，海拔在600—900米之间，主峰金钟山海拔1018米，位于浙江嵊州市境内。

四明山地处浙东，有"第二庐山"之称，林深茂密，青山碧水，各种鸟兽出没其间，生态环境十分优美，被誉为天然"氧吧"。四明山平均海拔在700米左右，属亚热带季风气候，四季分明，常年平均气温在13℃左右，是休闲避暑的理想之地。四明山曾是全国十九个革命根据地之一，也是中国南方七大游击区之一，是浙东游击纵队的主要活动区。

鄞州多山，以鄞西为主，属四明山脉，高于500米的山地面积有59平方千米，低山（100—500米）250.26平方千米，丘陵（低于100米）31平方千米，最高峰为龙观境内的奶部山，高915米。

鄞江山水出自四明山东正脉，四明山东正脉自蜜岩山向东以小皎溪为界，分南北二脉，北脉由樟村太白山至龙观与鄞江接壤，复分两支山系，一支由建岙寻芝岭入建岙转锡山入凤岙，一支由太岙岗入上化山转西石岙，越小溪港大佛山至石臼山、庄家山止。南脉由观顶山入张家岭至鄞江，也分两支山系，一支自鹁鸪山入木阜山转长岭，入湖寨岭，由猫头桥出，脉止。另一支入王家汇至尖山、纱帽山、绛山，脉止。在鄞江境内可以建岙山、上化山、王家汇山、鹁鸪山四大山系称之，崇山怀抱，诸峰雄峙，层峦叠嶂，连绵不绝。探幽其间，精彩纷呈，尤以上化山、千佛山（人头岩）、王家汇山、清修山、"一线天"为胜。

卖柴岙茶园

（一）人头山

人头山，俗称虎山人头岩。岩石嶔崟数百仞，中悉作人面形，或倒或顺。四明诸山披流而下，大小皎二水从樟村来，天井、观顶水从后龙来，银山、雪岙水从桓村来，其势皆趋于东。人头山截然一塞，力挽狂澜，岩壑流泉至此始平，是为中流之柱。岩下有潭曰"平水潭"。隔溪为东四明王家汇山，天然对峙作关锁。因人面多似佛，今名千佛山。又因全祖望有《小赤壁歌》，也称小赤壁。

史学大柱全祖望《小赤壁歌》词云：

"月明星稀，乌鹊南飞"；应笑曹公，绕树三匝无依。几度春秋，飞到黄州；髯苏双赋，吹箫杨子同游。大地多奇，偏洒朱衣；桓溪深处，亦复具体而微。笑我半生溪上，白云见障；山灵怜我，导登叠嶂。乍来疑是深秋，辰火西流；遥临赤水，堕落山陬。遥天清旷，诗情佚荡；只少曹苏健笔，空诸依傍。

（二）上化山

从宁波南门经甬临线至洞桥喇叭口进入荷晓线，再行十公里至鄞江村，这便是上化山最佳上山路线。四明山东正脉自樟村太白山来，越龙观地域进太岙岗入上化山。上化山主脉至黄岭入虎头山，经十五山头脉止；右翼入南北岙，经八山头脉止；左翼入长沟，经八山头脉止。其间多名胜古迹，有南岙北岙、果桶岩天书、半孔岩庵、五台寺、仙人桥头、红毛角洞等几十个景点。上化山古道与晴江岸古道、寻芝岭古道、桂花岭古道、清秀岭古道构成贯穿鄞江的古迹浏览网。

上化山又名尚化山，字音之讹传。上化山是附近的最高山脉，站在山顶，西北可看到章水蜜岩的皎口水库，西可眺望天井岙五龙潭，西南可望见大路小岭峰，向南俯瞰，它山谷地尽收眼底，东南则鄞江古镇一览无余。

上化山位于三镇交界处，西北交于章水天象岩，西南起自龙观溪东，

樟溪河

鄞江则环东南北三面，分别镶光溪、鄞江、建岙和大桥村，整个面积在10平方千米以上。南端有唐朝时期开采石宕所形成的石窟群。值得一提的是，石宕为古采石场遗址，宕内石柱林立，洞内迂回曲折，石崖鬼斧神工，可与龙游石窟比肩。

（三）王家汇山（晴江岸古道）

王家汇山隔溪与虎山人头岩天然相峙，并自有其特色，史载："脉自黄官岭来，崇岩壁立，巨壑崩冲，雷轰电掣。篙师偶一失手，舟楫为灰，故又名'王家灰'。山体面北，山左隔大溪为西四明脉，山右近悬磁溪。凡悬磁溪南木阜、清秀诸山，绵延攒簇，俱东四明护沙；溪北佛迹岩、淡庵诸胜，竹木青葱，冈陵隐见，为东四明正脉。"

晴江岸古道位于风景秀丽的晴江岸西、王家汇山上，自西向东循水而

红枫

入鄞江镇，长约 2.5 公里。该古道原为龙观乡山民通往鄞江镇之主要道路，路面保存较好，多以石子路为主，部分路段由青石板铺设或以鹅卵石铺就，途中有石桥数座，多为古代人工以青石累积而成，更有条形巨石悬崖架起，形成天然石桥一座，实属罕见。晴江岸古道一路风光宜人，沿途茂林修竹夹道，红枫绿树相拥，或青石流水，或枫林幽草，别有一番江南古道青石向晚的意境。

（四）"一线天"

"一线天"景观在我国不少著名景点都有，如黄山、武夷山的"一线天"，雄伟壮观。"宁波一线天"又被驴友们称为"天坑地缝"，距离宁波城区不远，出城往西，横街镇往鄞江镇方向，在梅锡下车，"一线天"景观就在右侧的山上。山不高，步行一个小时内就可到达"一线天"。

"一线天"是由两面高百余米的巨大悬岩峭壁夹成的一段峡谷，峡谷根据峭壁的走势分为两段，顺着崖壁走完第一段峡谷，一个转身便能乘势

"一线天"

进入另一段,每段100多米长,峡谷宽度不一,最宽处4.5米左右,而最窄处仅能容纳一人勉强通过。在峡谷内探头仰望,天空被束成了一条线。更让人惊奇的是,在第二段的峭壁处,两侧崖顶古树丛生,藤蔓缠绕,令人仿佛进入了原始森林。峡谷两边的崖壁潮湿润泽,不时有水滴从石壁间渗出落下,因为空寂,落地之声有空山之响,凉风习习,夏日在此纳凉,清凉惬意,所有烦恼似乎也随风飘远了。

"一线天"人迹罕至,充满野趣和神秘感。由于有好几个地缝,又有多道岩壁,悬崖多且较隐蔽,植被很杂、很原始,探访有一定风险。

梅园村俗称"一线天"的断坑岩,该岩是第四纪冰川时代留下的冰蚀地质现象,网友们盛赞该景点:"山石堆砌如千册书,三面岩壁高约百米,长亦百米,岩间古藤缠绕,古树旁逸,崖边有泉似珍珠溅落。"

四明首镇

鄞江历史文化溯源

光溪山水甲明州（山水文化）

清清樟溪河

鄞江樟溪河

二、清清樟溪河

鄞江山水萦绕,大小水系数不胜数,所以人在鄞江,总能感觉到天地之间,有訇訇的水流之声,在你的前后左右环绕。鄞江境内建岙山、上化山、王家汇山、鹁鸪山四大山系之间,分布着建岙溪、樟溪、清源溪和芙蓉溪四大溪,樟溪至它山岛分两支,过它山堰者为鄞江,穿镇而过者为光溪,光溪过洪水湾为南塘河。清源溪至悬慈汇入鄞江,芙蓉溪今已拦截,为卖柴岙水库。鄞江山水甲四明,樟溪河、鄞江、光溪、清源溪、卖柴岙溪与卖柴岙水库、南塘河,成为鄞江最秀丽的水景。

(一)樟溪河

樟溪河共有两条支流,大皎溪长 45 千米,集雨面积 168 平方千米;小皎溪长 24 千米,集雨面积 91 平方千米。大皎、小皎汇于皎口水库附近的蜜岩村。只有从皎口水库开始至其汇入鄞江处(以它山堰为标志)之间的称为樟溪河。樟溪河全长 17 千米,其中鄞江段长 7 千米。下游支流包括龙观溪和横溪。下游支流分成两支,一支通过它山堰汇入鄞江,另一支通过光溪桥汇入南塘河。

樟溪河源自四明山区的皎口水库的大坝下,自西向东经章水镇蜜岩、许岩二村后,流入章水镇区。过镇区后,在章水镇象岩村向南拐了个大弯后,流入龙观乡境内。樟溪河在龙观乡与来自五龙潭、雪岙等方向的溪流合并后,向东拐了大弯,流入鄞江镇。至鄞江镇经古代著名水利工程——它山堰分流后,一路随流注入奉化江;另一路则沿南塘河,经洞桥、横涨、栎社、段塘,后与其他水合并流入月湖,成为宁波市区的一条母亲河。

樟溪完整地隐匿于四明山的群山峻岭之中,溪流时常要穿越由荆棘、藤蔓和枯树组成的植物屏障。整个樟溪河谷是一个由藤蔓、荆棘、树木组成的莽莽森林。丰沛的水系和水蒸气,给樟溪谷地流域的这片森林带来了一派生机,它们的树冠高耸于美丽的溪谷地带,根系像一条条水管向溪边延伸,溪水漫过树林的根部,使森林郁郁葱葱。

漫步樟溪河畔,溪涧潆绕,群峦环抱。亭台轩榭,杨柳依依,绿意与水相伴。

(二)鄞江

鄞江位于宁波市海曙区,在鄞江镇南部。源于上游樟溪,樟溪河自西向东在镇内分流为南塘河、鄞江,鄞州最大支流清源溪在此汇入鄞江。

从它山堰至南三江口,旧称兰江,为奉化江支流之一。自鄞江镇经洞桥镇至南三江口与剡江、东江(鄞奉江)汇合,长9.4千米,宽90—110米,均深2.4米,水域面积0.67平方千米。南岸梁桥以下,北岸兰浦碶以下,有江塘保护。河道坡度平缓,是潮汐江段。平时为淡水,大旱年咸潮上溯至它山堰附近。因横贯区境,故得名。

鄞江流域无矿山,无污染企业,森林覆盖率高,为特色淡水渔业引进打下了扎实基础。静影沉璧,渔歌互答。鄞江以清澈的溪流、美丽的月光鱼、种类多样的鸟儿,以及两岸秀美的山峰、田野与村庄,吸引了无数摄影、钓鱼、观鸟爱好者,让他们深深陶醉。尤其是清源溪一带,山清水秀。可以说,鄞江之美,就在于其生态之美。

鄞江

（三）光溪

"光溪山水甲明州，花竹禽鱼事事幽。"这是清代史学家万斯同眼中的光溪。光溪就是今天在南塘河上游、樟溪河下游，横贯千年古镇鄞江的那段溪河，同时，它也是鄞江的一个古名。从洪水湾到钟家潭不过区区五里许，却蕴藏着丰富的历史信息。其中最为有名的要数光溪桥和官池墩、官池塘了。

光溪之宽，数十倍于光溪桥，因而，除溪北的桥之外，连接两岸的是一个略有弧度的百米桥堰。桥高孔大负责通舟，堰平又长负责蓄水泄洪和行人，桥和堰可谓分工明确，合作愉快。在光溪上拦堰以后，在它的上游形成了一个大大的水塘，以系泊官舫民船和方便两岸百姓生活用水，这就是官池塘名字的来历。在桥堰上还放置着距离相等的脚踏石，供来往行人在堰面漫水时踩踏而过，就像现在它山堰上面的脚踏石一样。官池墩是一个建在桥脚和堰之间非常牢固敦实的由条石砌成的石墩，它是维系

四明首镇 鄞江历史文化溯源

光溪

清秀岭上清秀寺

光溪山水甲明州（山水文化）

桥堰的中流砥柱，同时也是一个可供人休憩闲聊、纳凉聚集的场所，此地在每年"三月三、六月六、十月十"三届庙会中还是一个热闹的中心之一。可惜的是，如今只剩一座光溪桥和光溜溜的官池墩孤独地伫立在"雄伟"的水泥桥旁边。

光溪桥，又叫许家桥，始建于明嘉靖三年（1524），最后一次修整在光绪二十八年（1902）。桥的两边有石刻的匾，东面刻"光溪桥"，西面刻"四明首镇"，并有石刻对联曰："甃石驾龙门，雄抱苍山重翠；环溪分月影，长涵蕙水文澜。""虹桥联古道，遥通百里舟车；曲堤枕大江，近接万家灯火。"该桥石取材于当地上化山石和梅园条石，做工精细，严丝合缝。石刻的书法古朴浑厚，嵌在桥身的龙头和桥栏上的石狮均栩栩如生、毫不含糊，无论是局部还是整体，都不失为一件不可多得的古代艺术品。

明代布衣高才沈明臣曾以诗咏光溪：

　　十里郊墟山水都，古今遗事应未诬。
　　采芝故近黄公里，洗马犹传贺监湖。
　　六代衣冠成冢墓，千家烟火属蘼芜。
　　青天回首归何处？落日千峰兴不孤。

（四）清源溪

清源溪主源洞坑发源于海拔915米的鄞奉交界主峰奶部山北麓，东北流到洞坑折东南流，经石鼓门水库，至清潭桥西南300米处与源出奶部山南麓的南坑汇合。汇合后东北流经雪岙、张家东南，右纳源出海拔756米的兰田西冈东麓之里村溪来水，过卢王、禅岩、金陆，至鄞江悬慈村东小岩山入鄞江。主流长20.5千米，治理后溪床均宽20米，深2.3米，流域面积41平方千米。

清源溪由清秀岭（也作"清修岭"）、蜘蛛岭两岭相夹，沃野连绵，山清水秀，风光旖旎，清静闲适，"清秀岭""清源溪""清源村"之名都源出此意。清源河畔，桃红柳绿，橘黄李白。杨梅山、翠竹林、松杉岭、桂菊埔，一年四季山花烂漫,鸟语花香。此地还有大片的茶园,娇翠欲滴。好一个花果山、世外桃源、蓬莱仙境。

清源溪的源头在雪岙、李岙,雪岙近年因漂流而闻名,李岙因有规模庞大的桂花园而闻名。

清源溪在历史上就颇得文人骚客青睐,明朝张东沙有诗云:"山人笑我雨还游,雨里看山山更幽。密树丛中清涧出,虚岩洞口白云稠。僧因好客来偏惯,鸟为留春啭未休。石径苍苔尘不到,人间只此是丹丘。"

此外,张邦奇、陈洪镜均有诗咏清源溪。

张邦奇《清源诗》:"幽溪荫翠云,芳泉清且洌。呼童汲水华,莫损旧苔色。"

陈洪镜《清源诗》:"溶溶一派自逶迤,奔放山根若注卮。汇作规形金鉴净,流为曲势玉虹垂。清秋影浸楼台动,永夜光浮星斗移。为讶灵源接天汉,乘槎拟赴列仙期。"

(五)卖柴岙溪与卖柴岙水库

卖柴岙溪发源于鄞奉交界之处、海拔430米的笔架山东南麓,东南流经奉化武岭水库后入鄞境,东北流经卖柴岙水库。以上主流长8.8千米,流域面积7.9平方千米。下经蓉峰去峰亭、鲍家墈、后山下入鄞江,流域面积8.9平方千米。

卖柴岙水库位于鄞江的南面,紧靠蓉峰村和金陆村东西夹角方向,南接壤奉化大岙村和杜郎坪村,与萧王庙邻近。在鄞江镇下车向南行约4千米路程,过王家潭后,田厂不到左拐不远就能看到大坝,该水库规模较大,景色优美。卖柴岙水库南端的奉化大埠有一尚在开发的"天湖景区",山路基本上已经修好,其中有一个仙人洞,当地人叫蝙蝠洞,塑着两尊小菩萨,旁边还放着香,仙人洞的旁边还有一个小瀑布,滴下来的水有点甘甜。

卖柴岙水库周围没有高山,但植被茂盛,山清水秀,风景优美,充满野趣,适合徒步游走。这里有大片的茶园,有野生的柿子树、禾雀群,还有古

卖柴岙水杉

卖柴岙水库

树古桥。

卖柴岙水库还有一大片错落有致的水杉，美得让人遗忘了时间。春夏时节，那大片大片的水杉，如同绿色的精灵，自水中轻盈地拔地而起，将清澈的水面用绿色渲染开来，水天共成一色，直逼心弦，让看的人分不出哪是水中的树，哪是水中的倒影。秋冬日，水杉褪去一身的绿色，进入眼帘的是分外明艳的金黄，甚至红艳，阳光自树的缝隙间渗透，将斑驳的光线洒落林间，恍惚之间，竟如临仙境。

卖柴岙水库湖光水色迷人，成为驴友们野营的绝佳去处。

（六）南塘河

南塘河有悠久的历史，开凿于唐代。唐太和七年（833），县令王元暐为了解决新建的明州城的供水问题，解决当时的排洪、阻咸和鄞西良田的灌溉问题，兴建了它山堰，引水入沙港干渠，于是便有了早期的南塘河，后来历代都有疏浚建设。樟溪自它山堰分流后，北流至洪水湾段称光溪，自洪水湾起称南塘河，流经鄞江、洞桥、石碶和段塘后，自南水门入宁波市区。南塘河全长24.5千米，均宽33.1米，均深1.84米，河面面积0.81平方千米。它与奉化江平行，局部地段只有丘壑之隔，沿途设置较多碶闸、涵洞，可通奉化江。它是引樟溪之水入鄞西河网和行洪、排涝、灌溉、航行的骨干河道，又是宁波市区供水的主要引水河渠。它与其所属支流小溪港、里龙港、后港、王子汇港、照天港、千丈镜河、南新塘河等构成了密布的鄞西河网。

南塘河是与明州城一起诞生，伴随着明州城的兴盛与繁荣的。南塘河是生命之河。城市的发展离不开水，在早期，河畔、湖滨是城市发展的有利地区。但宁波三江口因为通海，咸潮常回流至江河中，使三江口流域的水不适宜日常饮用和灌溉。南塘河的涓涓细流，解决了明州城的根本问题。南塘河也是宁波城市的交通生命线，是浙东水运和物资交换的重要航道，带来了人流、物流和信息流。因为南塘河，名闻遐迩的南门三市得以形成。民国《鄞县通志》称"南门有三市，西门有八市。三市多竹木

南塘河边老街旧影

畜类,有事之家率于此以购鸡鹅鸭",并记下了"船舶争集,人民杂遝,夹道商铺,鳞次栉比"的盛况。南塘河为这座城市带来了丰富的山区物产,就连这座城市建设的著名石材梅园石和小溪石,也是通过南塘河源源不断地运来。而三市也成了著名的集市,繁荣千年,直到21世纪才逐渐衰落。

三、最美数鄞溪

鄞江鄞溪以"溪流保持原生态风貌,晴江岸溪段为多部影视作品外景拍摄地"而入选"宁波十大最美溪流",并排序第一。鄞溪何在?鄞溪在鄞江镇它山谷地,为樟溪河人头岩至它山堰段。

"鄞邑林壑之美者,多在西南,而它山、小溪间为最胜。"这是《四明谈助》中的记载,可见鄞溪在历史上就是最美溪流了。鄞溪穿越而过的它山谷地,水接双皎,山连四明,溪如明镜,清可鉴发,两山夹峙,诸峰环抱。沿溪而下,人头岩、平水潭、邵家古村、王家汇山、晴江古道、晴江岸、钟家潭、上化山、青龙潭、它山堰,美不胜收。以它山艺术博物馆为核心的千佛山佛教文化公园和沿溪景点,成为散落鄞溪上的一颗颗明珠。

(一)千佛山佛教文化公园

以"礼佛悟道,养心怡情"为宗旨的千佛山佛教文化主题公园位于它山艺术博物馆后的千佛山上。

千佛山原是樟溪河中的小岛,是樟溪诸水相会之地,有面向环溪的人头岩、小赤壁景点,山上遍植茶树,有自然形成的小湖,自然风光秀丽。佛教文化主题公园建设保留并利用现有风光特色,巧借规划建设的项目,对空间进行合理围合、分隔,根据山地现状做出巧妙规划,合乎修禅天人合一、身体力行的本意。

佛教文化公园以"无忧乐土、众妙众善,心印佛理、其乐无穷"为主题,特色鲜明。游客在礼佛、游览的过程中会看到许多蕴含佛教哲理的景点、小品,于是形神静畅,脱生妙解,自然喜悦。

(二)邵家古渡

樟溪经过人头岩,因溪道宽阔,流水平缓,冲积而成邵家滩。村子傍山依水,清溪流碧、青山拥翠,环境幽静,是鄞江最佳自然生态风景带。这里曾是桓村至鄞江的古渡口,邵家祠堂尚存《集义渡碑》。

邵氏宗祠堂名"绳武堂",位于鄞江邵家村(该村已拆迁),坐北朝南,面临鄞溪,分门厅、两厢房、正厅,五开间,八檩,为传统建筑风格,现破损,待修复。内有清代石碑两块,一名"冬至礼祀",一名"集义渡碑",木匾一块,题"节孝"。此外,尚有记事木屏七块。

邵家滩

（三）晴江岸

晴江岸位于鄞江镇樟溪河边，因其两岸秀丽的山水风光、成片的古树林、清澈的河水而知名。来到晴江岸，视野之中到处都是郁郁葱葱的绿，绿的古树、绿的青草、绿的溪水，那绿意浓得仿佛要顺着细雨滴落下来。河堤上，不知名的小花摇曳生姿。参天古树倒映在清澈蜿蜒的河水中后，又将细密的枝杈柔柔地垂向水中。一条竹筏静静地横在清澈的河心。纤纤的水草像仙女的水袖在水底摇曳。美丽的白鹭在水面舞蹈。一条家狗悠然自得地在林间散步。细雨斜斜洒落在草茎上，似一种曼妙的乐声，弥散着空气中浓郁的泥土、青草和树木的气息。

山清水秀的晴江岸从1974年作为电影《难忘的战斗》拍摄地开始，就吸引着北京、上海、南京、杭州等各地电影制片厂和电视台前来拍摄，是宁波市有名的影视外景基地。《田螺姑娘》《曙光》《闪光的彩球》和《孽海情缘》《东方欲晓》《真命小和尚》《补天裂》《天要落雨娘要嫁》《琥珀泪》等十几部电影和电视剧相继在这里拍摄。

晴江岸那片由200多棵枝叶繁茂的大树形成的古树林，种植于清光

晴江岸

绪年间,守着村庄,护着河堤。它就是晴江村一代代先人为防洪水肆虐,历经数百年培植起来的护堤林,是生命之林。

(四)鄞江湿地公园

鄞江湿地公园位于鄞州区鄞江镇它山谷地。樟溪至乌头门千佛山,汇集天井、观顶和雪岙、银山之水,水面开阔,水流平缓,呈"S"形,在上化山和王家汇山麓形成了大小不一的两个冲积扇。水涨水消,形成著名的鄞江湿地。

樟水弯环,群山四绕,名潭沙滩,前后踵接,又多芦汀林溆。鄞江湿地两岸芦苇丛生,水草鲜润柔婉,野鸭水鸟凫泛,白鹭翩翩起舞,小鸟啾啾鸣叫,鱼翔浅底,好一幅人间美景。

随着上游来水减少,淤积严重,湿地被改造成农田,桑麻遍野,鸡犬相闻。

如今,当地政府利用湿地的原生态风貌和古村落打造以龙文化为主题的龙子湾湿地公园。四明山山清水秀、人杰地灵。以堪舆而言，正南脉有龙穴，出圣人；正东脉多龙潭，子孙贤孝、勤持家。正东脉二山之间的它山谷地，山上有龙娘庙，龙娘诞四子一女；堰上有平水潭、钟家潭、青龙潭。将龙文化与湿地文化相结合，园内布置标志性景观龙子望娘雕塑、千龙字碑、九龙壁，园内花草皆成云状，林木则以龙字当头，龙柏、龙柳、龙槐、龙榆、龙桑、龙枣，都用来营造公园的龙文化气氛。园内还设有学舞龙、扎龙灯、探"龙迹"活动，旨在把公园建设成为集科普、旅游、休闲为一体的"龙文化博览园"，成为展示龙的文化、弘扬龙的精神、团结龙的传人的一个重要基地。

（五）上化山宁波国家级主题攀岩公园

上化山宁波国家级主题攀岩公园是宁波首个该类型公园，坐落在鄞江上化山。

攀岩公园利用鄞江的自然风光优势，打造以攀岩为主题，休闲户外运动为主体的综合主题公园。公园设栈道式攀岩、自然岩攀岩和标准人工岩壁攀岩等项目。其中，栈道式攀岩是国内首个符合国际技术标准的栈道式攀岩项目。公园内设的攀岩项目适合各个年龄段的游客体验，体验者可在陡峭绝壁上体验"一览众山小"的激情和豪迈。园内还设有露营及烧烤区、青少年户外活动体验区、成人拓展训练区、汽车影院和农家客栈等功能区域。

攀岩公园有效整合鄞江镇丰富的人文历史和景观资源，利用攀岩、登山、徒步、露营等时尚户外运动形式，呈现上化山与鄞江镇的古韵今辉，具有"历史厚重，风光优美，运动丰富，体验独特"的特点。攀岩公园通过"户外运动＋旅游观光＋休闲度假"的模式，成为宁波市民周末户外运动及旅游观光目的地，成为环杭州湾及长三角户外运动、体育旅游目的地。

（六）李家滩（天顺里）

李家滩枕山临水，屋舍稠密。其下樟溪河缓缓东流，波光帆影，远岸

鄞江风情

沙汀,青山倒影。隔岸湿地,烟村广陌尽收眼底。又有古树掩映,气象森严。山上民居随坡而上,直到山顶。隔溪望之,烟火万家,蝉联鳞比,仿佛蜃楼。居住此间,四面受景,翠羽飞鸣,金鳞濡沫,心与景会,鱼鸟亲人,令人真作濠濮间想。

鄞江古道示意图

【三】合郡供给仰它山（水利文化）

它山堰

堰以山名,山因堰著。

天下之名山,雄则通天拔地,依天壁立;奇则千峰罗列,形态无穷;秀则千峰翠色,色彩明丽;险则危峰兀立,怪石嶙峋。它山既不雄、奇,又无秀、险,甚至没了山的形状。它现在只是一块小小高地,高地上建了个庙而已。然而它山闻名遐迩,因为有了它山堰。

其实,它山原先只是樟溪河出山口中的一个小岛,一个江心洲,因为岛上多从四明山中被洪水冲下来的蛇,山民称之为蛇山。古语蛇、它相通,故名它山。沧海桑田,以它山为首,慢慢淤积成了半岛形的平原。

它山在樟溪河上的作用相当于分水堤,它使樟溪河河床分汊,即分为内河和外江。在它山堰建成前,一任江水自由莽驰,水善泄而易竭,酌饮不便;也任海水翻腾倒灌,耕田卤化,民苦咸潮。

水利是农业的命脉。旧时农业社会,循吏上任一方,阅方志、踏地理、察水脉、问民苦,乃要务。唐代太和年间,县令王元暐做足一番功课之后,深恤鄞西南民之苦急。太和七年(833),他择址它山和绛山之间,修堰一条,名它山堰。历史记住了这一年,太和七年;人们铭记了这个人,王元㬢;小山的名字从此开始响亮,它山。

选择它山,这是历史的必然。四明诸山披流而下,大、小皎二水从樟村来,天井、观顶水从后龙来,银山、雪窦水从桓村来,其势皆趋于东,于人头山汇为一流,浩荡向东。溪南沿流皆山,溪北皆平原,至此一山与溪南山相对,即它山。它山虽小,截然一塞,为中流之柱,也力挽狂澜,岩壑流泉至此始分。两山对峙,有脉相连,堰得以成。

王元㬢的伟大,首先在于对自然它山的充分利用,继续让它山发挥分汊河流的分水分沙作用,让它成为分洪堤。泥沙在洲头不断堆积、延伸,加之人工不断对它们进行修筑、加固和保护,形成今日之天然 — 人工的它山半岛。这是今日的地质学。王元㬢的另一伟大之处,便是规堰之高下之宜,涝则七分入江,三分入溪,以泄暴流;旱则七分入溪,三分入江,以供灌溉。这是今日的水文水利了。王元㬢的第三个伟大之处,在于遵循鄞江潮汐的自然规律,他的选址恰是鄞江潮水与樟溪河水咸淡交汇之处,大潮的冲击力已然不强,不似今日的水利工程,往往硬生生地拦腰切下一刀。

它山堰的作用,后人多有概括:阻咸引淡。实际上,它养育了宁波。樟溪水经此引流,一路入南塘河,经洞桥、横涨、北渡、栎社、石碶、段塘,经南城甬水门,注入日、月二湖(日湖已湮没),复经支渠脉络,供城市之需;一路北入小溪港至梅园、蜃蛟。两路水经支脉分流贯通鄞西平原诸港,灌溉七乡农田数千顷(今受益农田 24 万亩)。鄞江的全面发展,在它山堰建造以后。在城田畈(鄞江旧址)一带从事城址考古工作的我的朋友告诉我,城田畈出土的唐以前的东西很少;明州的兴盛,同样在它山堰建造以后,文献的记载相当丰富。可以说,没有它山堰,就没有以后明州的繁荣。

它山堰设计周详,结构奇特,建造精密,虽本身规模不大,可气势不减。它山堰堰身由巨石条层层堆积,长 113.7 米,宽 4.8 米,高约 10 米。"它山堰顶足奇观,百万雷霆声不断。"想当初,堰截溪流,怒水奔腾,声如雷霆,如千乘车行,震动岩谷;水落流断时,复碧如油,明如镜,潮来波去,风过漪生。

然而，由于水库蓄水，樟溪几近断流，泥沙淤积加剧，如今堰身大部分埋在沙土下，高仅 3.05 米。周边环境也发生了很大变化，看不见咆哮的山洪，听不到阵阵的潮声，已不见当年之雄姿。许多人慕名参观这个与郑国渠、灵渠、都江堰合称为中国古代四大水利工程之一的它山堰，会有微微的失落感。但当他们了解了这个堰的历史，了解了它对于宁波城市的意义时，心中必会肃然起敬，会更加顶礼膜拜。

清钱泳《履园丛话·水学》说："治水之大要惟二道，曰蓄、曰泄而已。蓄以备旱，泄以防潦，旱则资蓄以灌溉，水则资泄以疏通。"它山堰和它的后续工程做到了这一点。

它山堰只是整个鄞西南水利工程体系的一个龙头。它山分水以后，内河外江间，有不少地方沟连，蓄水、泄洪、阻咸，仍有许多后续工程，筑堰以后的泥沙淤积也渐渐显露。宋熙宁元年（1068），县令虞大宁建风棚碶于北渡附近。宋淳祐二年（1242），郡守陈垲为防内港淤积，于堰西北150米处建回沙闸。宋宝祐间（1255年左右），刺史吴潜置三坝于鄞江镇东洪水湾。此外，在内外河间、南塘河下游，筑乌金、积渎、行春三碶以启闭蓄泄。随着水利设施逐步完善，它山堰的作用更臻完美。

虽然一千多年过去了，它山堰仍在默默地发挥它阻咸引流的作用，它山半岛上也已建筑林立、人丁兴旺，成为千年古镇的一个象征。虽然一般人已感觉不到有形它山的存在，但它永远屹立在鄞江人的心中，永远屹立在宁波人的心中。

一、它山堰

它山堰始建于唐太和七年（833）。在筑堰以前，海潮可沿甬江上溯到樟溪，由于海水倒灌使耕田卤化，城市用水困难。于是，王元暐发起在鄞江上游出山处的四明山与它山之间，用条石砌筑一座上下各36级的拦河溢流坝。堰面全部用条石砌筑而成，堰身为木石结构，有逾抱大梅木枕卧堰中，历千余年不腐，被称为"它山堰梅梁"。坝顶长42丈（140米），用80

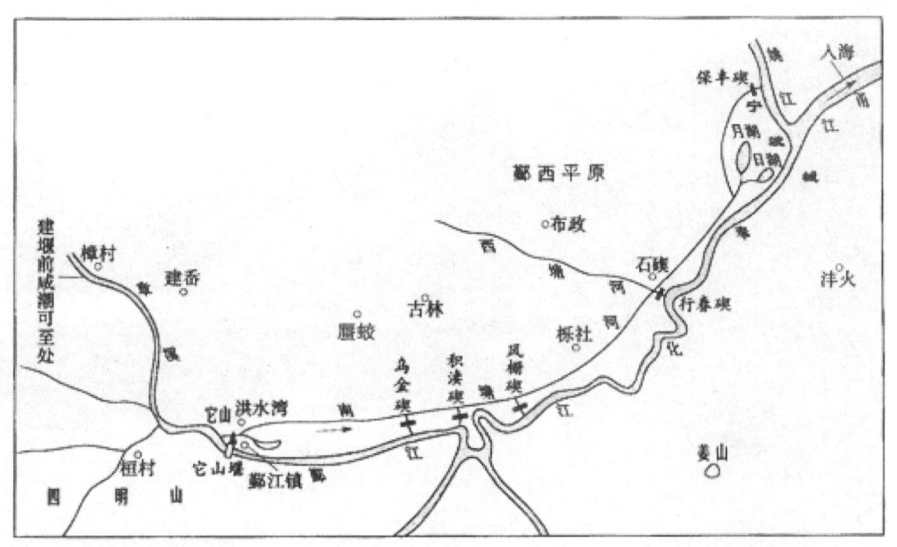

它山堰灌溉示意图

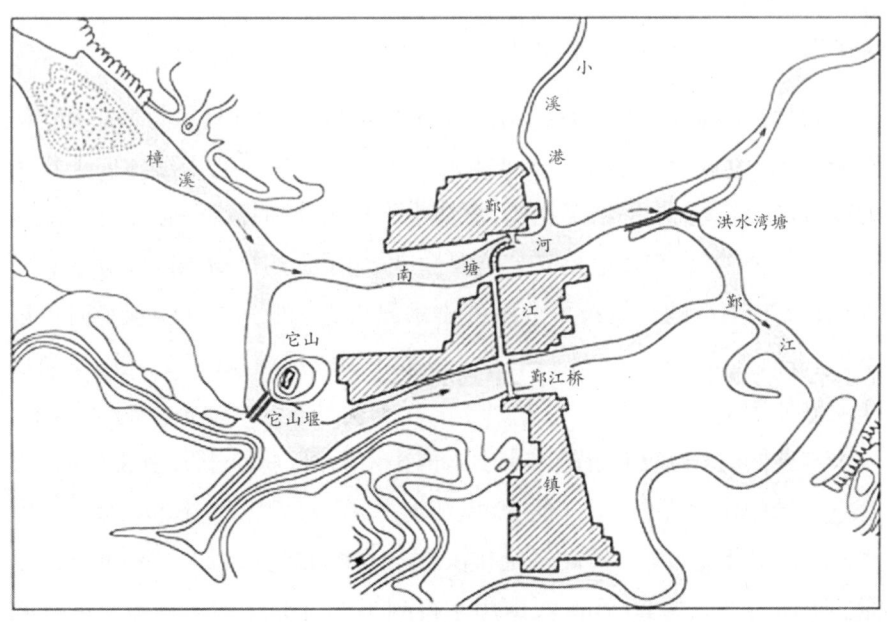

它山堰渠首示意图

它山堰

块条石板砌筑而成,坝体中空,用大木梁为支架,全长134.4米,高3.85米,宽4.8米。其底层为厚3.7—6.4米的黏土夹碎石层。它山堰堰体向上作了五度倾斜,与堰底水平情况相比,堰体水平抗滑能力提高一倍以上。堰体所筑黏土夹砂层,有效地提高了防渗性,增加了土的抗剪强度。经水利专家论证,它山堰的建筑技术令中外学术界震惊和叹服!这座坝平时可以下挡咸潮,上蓄溪水,供鄞西平原七乡数千顷农田灌溉,并通过南塘河供宁波城使用。

  与此同时,为使上游的溪水引入内渠南塘河,保证下游泄流充足,发挥它山堰的作用,还在沿江的50里江塘上,续建了乌金、积渎、行春三座碶闸,加强启闭泄畜。涝时开闸排洪,旱时顶潮纳淡,调节鄞西河网的水量,使鄞西平原的20万亩农田用水得到了充分的保障。相传王元暐在选择碶址时,从上游放下三只木鹅随水而漂,在木鹅停下地方定址造碶。

回沙闸

千百年来,"王令当年放木鹅,身营三碶隔江河"的诗句仍传诵四方。

一千多年来,这座大堰几经修葺,至今仍完好地存在着,并继续发展它"阻咸蓄淡"的水利调节作用。1982年6月,被鄞县人民政府评为县重点文物保护单位。1988年12月28日,被国务院评为国家重点文物保护单位。

二、回沙闸

它山堰建成后,溪流夹带泥沙,常致淤塞,"岁或至三四浚,每浚役工常数万",成为负担。南宋太守陈垲"亲往相视",认为"既积而浚之,不若未至而遏之"。于是筑回沙闸于它山堰西北约150米处,"水通行如常,沙遇闸则止,去之甚便"。

遗德庙

三、遗德庙

它山堰旁有座纪念建堰县令王元暐的遗德庙，始建于五代时期，民间称它为它山庙。庙门外东侧有一处碑亭，是清嘉庆年间追封王元暐时所立，碑背后刻有《善政侯孚惠王王公碑记》，介绍它山堰修筑始末以及后人对王元暐功德的追思。正殿居中供奉着王元暐塑像，两侧塑像则是传说中为建堰而献身的"十兄弟"，每位兄弟前都有立牌述其生平及事迹。

四、它山堰公园

规划公园景区涵盖它山、庙山、它山堰、樟溪河部分段和鄞江部分段，它山堰公园在设计上充分利用现有水利工程、风景资源、生态环境和旅游等资源条件，以千古名堰它山堰为引线，从经济、社会和环境效益等方面综合考虑，设置了风景旅游、度假休闲、园林绿化、生态保护等功能区，规划了它山遗德庙、它山堰水利博物馆等数十个景点，将古代天人一体的水利建设思想及知识融入实景之中。

它山堰公园　　　　　　　　　　　　　　　　　　洪水湾遗址碑

　　2012年11月24日落成的公园一期总占地面积250亩，总投资1000余万元。它山堰公园坐落在绛山岭，南倚群山，北望樟溪河，东连它山堰，西隔王杜岙与王家汇山相望。以它山遗德庙及它山堰等实景展示区为始，步入公园，景点自东向西，以桂花岭古道为线，循古道漫步而上，诸景区贯穿其间。踏上峰顶，极目远眺，鄞江风景尽入眼底。

五、洪水湾塘

　　洪水湾位于鄞江镇东首，去它山堰二里许，外泄江潮内攻塘，为阻隔江河之巨防。耆老相传，早时于此置闸，近缘屡经洪水，江流冲入，渐与港通，恐日后为江水冲开，溪流顿泄，宜筑堤岸。南宋淳祐三年（1243）秋，连经大风水，冲坏江堤，溪流走泄。魏岘闻于府黄大卿，并委筑治，于八月二十八日至九月初七日毕，堤高二丈，阔一丈二尺，长十二丈，耗工372工，花钱87贯290文。南宋宝祐中（1255年左右），知府吴潜就其地置三坝，一濒江，一濒河，一介其中。后中外二坝垫于江中，只存濒河一坝。清乾隆四十一年（1776）、咸丰七年（1857）、民国十三年（1924）重修增筑。旧塘长 105.6 米，1924 年重修后长 320 米，高 4.16 米，为一条坚固石塘。洪水湾塘为阻咸蓄淡、行洪排泄工程。它山堰泄洪后之余水，在此再分洪一次。20 世纪 70 年代以后，因官塘拆除，上下游设障等原因，泄洪能力有所下降。1988 年改塘为闸，建成洪水湾排洪闸，以提高排泄能力，仅保留一段残塘，供后人凭吊。

六、官池塘

嘉靖初年，鄞江镇的主要通道是经当店弄过孙家桥，沿树巷弄途经大德公桥至悬慈。因孙家桥低平，常被洪水冲毁，南北交通殊为不便。虽然已经建成了它山堰，但遇特大山洪，光溪之水直冲平原，易成内涝；干旱之际，则溪上无水，饮水困难。光溪支流小溪港又水量不足，时常断流，影响梅园、蜃蛟、凤岙、岐阳等地淡水供给、桑禾灌溉。

明嘉靖三年（1524），县令沈继美深思熟虑，科学选址，精心设计了桥塘合一的工程，桥便是光溪桥，塘便是官池塘。塘呈角尺形，长尺连接对岸，短尺与桥相连，凸面迎水，凹面挖深成池。塘南北走向长约 80 米，东西走向长约 40 米，全长 120 米，宽约 5 米。桥塘选址在小溪与光溪交汇上游不远处。

官池塘的建成，一举多得，绝对是水利史上的又一奇迹。塘比它山堰略高，洪水季节能提高上游水位，增强它山堰的泄洪能力，缓解鄞西地区洪涝压力。它能使光溪水以较大流量经过光溪桥折而转入小溪港，解决鄞西用水。旱季，官池的水又能供民众使用。而明朝中叶，孙家桥被洪水冲毁后，光溪桥官池塘更是成了南北交通的主动脉。官池塘现已拆毁，今天我们只能在老照片和电影《难忘的战斗》中欣赏那唯美的桥塘合一的水利工程了。

【四】八邑通衢商贸盛（庙会文化）

四明首镇

在历史上，鄞江曾辉煌过，它号为鄞西巨镇，乡人俗称"小宁波"。

宁波历史悠久，它上溯至夏代。据记载："夏时有堇子国，以赤堇山为名，后加邑为鄞。""鄞"的名称最早就是这样来的。秦始皇一统中国后，行郡县制，在今宁波一带置鄞、鄮和句章三县，属会稽郡。汉袭其旧，县治分别在白杜、鄮山、城山渡。东晋隆安五年（401），刘裕迁句章县城，于鄞江之滨建造新县城，即今鄞江镇为县治之始，其地在鄞东村土名古城畈一带。唐开元二十六年（738）置明州，州治、县治均设小溪（今鄞江），为州属大镇。唐大历六年（771）鄮县县治移至宁波三江口，而州治未迁。唐长庆元年（821）鄮县还治小溪，而州治迁入宁波三江口，尔后小溪镇改称光溪镇。后梁开平三年（909）县治亦迁至三江口。此地的繁华达600余年，是著名的商埠之地。

鄞江镇上接四明山，外通三江口的贸易中心，是一座历史悠久的浙东著名重镇，素有"四明首镇"之称。"青山西去连四明，绿水东流入甬江。"古镇商业的繁荣，是由其所处的地理位置的优越而决定的。自古由宁波入四明山，至鄞江，其道有二，南道由潘溪而入，涉它山堰折西，经问水亭、晴江岸、琉璃岸，道旁阡陌，遍植桑贝，间以大麻，又西曰桓村，土地平旷，又西曰大庄……山岭崎岖，其径较捷。北道由光溪桥西经钟家潭、汇碧亭、周家村、乌头门、挹秀亭，折北经五台寺，至听松亭，又北以溪东村、寿隆庙、天象岩村，至心意桥，折北经广惠庵、长潭村、众乐亭、东岳宫、普济庵，至樟村。鄞江是四明山的出山口，是四明山的东大门。而在水运交通时代，位于甬江支流鄞江河畔的古镇因贯通甬江水系、杭甬运河、长江和海上丝绸之路而成为商业重镇。它兴盛于唐代，当时明州城的用水，建设用的石材、木材，都源于此。

鄞江庙

日本的商船可随潮而至。

　　鄞江因区域商品集散不断扩大而日趋繁荣，周边各地货物集散于此而成了商贾云集的"通衢"之地。其时篷帆如云，店铺林立，对沟通山区和平原的物资交流，繁荣浙东经济，发挥着重要的集散作用，故有"鄞江镇，即昔之小溪镇，扼四明东出之道，为山水襟带之乡"的记载。"货聚山海，语杂八方；舟楫夜泊，绕岸灯辉；市井晨炊，沿江雾布。"这应是旧时繁盛的景况。

它山庙会

如今,走在残存的老街上,沿街原来开设的纸号、茶号、布店、药店、银楼、钱庄、酒肆、书局、油行、南北杂货等商店和手工作坊等铺面的额枋上,老字号的印记依稀可辨。人们通过这些破损的历史陈迹,依然可以感受到古镇当年所发生的热闹繁华故事。徜徉间,似乎看到街市上人来车往的商品交易和人际交往,甚或还看到临河码头上装货卸货的工人和挑夫忙忙碌碌的身影。

而商贸繁盛的标志便是有浙东第一庙会之称的它山庙会。

它山庙全国有名,它是为纪念它山堰的建造者王元暐而建。据传,它山庙会起源于唐太和年间。时任县令的王元暐为改善地方水利状况,发动官员、士绅集资修建它山堰,阻咸蓄淡,造福于民。十月初十王公生辰即为工程开工之日,至第三年三月初三王县令夫人程氏寿诞,堰体基本造成。鄞西人民为纪念王县令夫妇、为造堰献身的十位工匠以及历代修堰的官宦和士绅,特将它山堰开工和竣工之日定为鄞江它山庙会之日,千余年盛况不绝。

而另一个庙会的形成也与水利有关。六月六稻花会是鄞江诸多行会之中规模最大、范围最广的一种民间行会。唐宋二代称掏沙会,明清以后

鄞江三月三

新鄞江庙会

亦称太平会。稻花会,顾名思义,时间即在稻谷开花时的农闲时节。据传,唐太和年间,它山堰还未建成之前,光溪及北溪古港一带,由于洪水冲击,时常沙石淤塞;樟溪之水直下鄞江,淡水难以蓄积,鄞西梅园、蜃蛟、凤岙、古林等地乡民,用水艰难。在"六月六"前后农闲季节,民众自发组织,到鄞江光溪和北溪港二地掏沙,疏通河道,附近市贩商贾也汇集鄞江经营牟利。久而久之,形成了鄞江桥独特的会市,俗称掏沙会。它山堰建成后,鄞西用水问题得以解决,乡民无需掏沙,但六月六的掏沙集会已延续下来,遂形成了除"三月三""十月十"以外的另一庙会,俗称稻花会。这一年三期的庙会,统称它山庙会。

千百年来,每逢农历三月三、六月六、十月十,来自四乡八邻的乡民人山人海,把鄞江镇大街小巷挤得水泄不通。山货海鲜、南货北果、棉布绸缎、锅碗瓢盆,吃穿用商品样样都有。三次庙会因时节不同,也存在些微差异。三月三庙会春耕在即，上市商品多为犁耙、锄头、粪桶、蓑衣、斗笠等。六月六庙会，在夏收前，上市商品多为竹箩、蔑簟、扫帚、畚斗、镰刀等。十月十庙会，晚稻收割，天气转冷，农民山民多采办冬衣等冬令商品，交易兴旺。其间，鄞江之上"乌山船"挤江，樟溪上竹排、"小滩船"满溪，它山庙演戏，人山人海。三教九流均赶集凑热闹，有算命测字、游方郎中、"祝由科"（巫医）、拔火罐、卖膏药、变戏法、拔牙齿、吹糖孩、卖梨膏糖、"打铜宝"（赌博）、强讨饭等等。遇纠纷事发，由庙会社头出面调解、裁决。

它山庙会历史之悠久、规模之庞大、场面之热闹，被认为"宁波称雄，浙江罕见，全国少有"。直至今日，虽然整个社会商品已经十分丰富，但庙会仍保持了强大的生命力，成为古镇鄞江一道亮丽的风景。三大庙会中，以十月十庙会最为盛大。如今恢复的也是十月十庙会。

先有庙，再有会。早期庙会仅是一种隆重的祭祀活动，随着经济的发展和人们交流的需要，庙会在保持祭祀活动的同时，逐渐融入集市交易活动，被称为"庙市"，后又加入娱乐性活动，成为一地的重大节日。我认为庙会的祭祀活动是最重要的。它山庙会公祭活动体现的是一种感恩文化。感恩文化是中国传统文化的内核，亦是中国文化思想体系中最有活力、最有时代价值的部分。感恩，充实着我们的生活；感恩，塑造着我们的心灵；感恩，让世界变得美丽；感恩，使我们拥有爱心。感恩与回馈紧紧相连，这也可以说是"义乡鄞州"的重要组成部分。

"长条石板鄞江桥，九龙抢珠它山庙"，据说它山庙周边有九个龙潭，龙文化发达，舞龙也富有鄞江特色，是公祭巡游的重头戏之一。在堰上公祭后，巡游队伍就出发了。队伍由千余人组成，既有庙牌、炮担会、横幅、令箭、庙旗这些庙会巡游的传统项目，也有歌舞表演队、乐器演奏组等时髦元素；既有粉黛花脸登场时，沿途群众的涌动喝彩，也有古老故事、神话人物出现时，现场氛围的情境交融。真可谓"锣鼓喧天，鞭炮齐鸣，红旗招展，人山人海"。

巡游队伍出发后，它山庙周边依旧热闹，多是卖香的，私人也在这里祭奠、感恩、祈祷。庙里烟雾弥漫，每个塑像前都跪着一片善男信女，他们

鄞江庙会

都面色凝重，心怀敬意，嘴里念念有词，诉求着自己的心愿。他们的心绝对是虔诚的。庙附近也甚热闹，有算命看卦的，也有些临时的小吃摊。而购物、小吃、文娱表演会临时新辟一条街，信步其间，观赏一路风景，会看到很多平时看不到的东西。

庙会还成为整个鄞州非遗的表演舞台，在非物质文化遗产展示一条街上，来自鄞州各地的民间艺人展示的骨木镶嵌、朱金漆木雕、竹编草席、金银彩绣、泥塑、虎头鞋制作等绝活吸引了不少市民围观，成为庙会的一大亮点。而鄞江镇本身就有国家非遗1项、省级非遗1项、市级非遗1项、区级非遗2项。闻海平老师在养正堂表演的独具特色的宁波走书更为庙会增添了浓郁的节日气息。

庙会已成了鄞江的一个品牌。庙会不仅承载着传统文化，更是集镇贸易平台，寓经济、文化、娱乐等于一体，具有很强的生命力。但时代毕竟在变化，因此，在传承中创新是该庙会的必然选择。弘扬它山庙会品牌价值，结合度假休闲怡情的特点，把准当代人多样化、新奇性、高品质文化需求的脉，及时实现庙会文化的转型升级，杭州宋城的模式也许可以借鉴一二，把购物、小吃固定化，把非遗表演日常化，把巡游活动定时化，应该是可以考虑的选项。

期待着它山庙会出新出彩，越办越好。

【五】

江桥掩映暮帆迟（桥梁文化）

四明首镇

鄞江历史文化溯源

江桥掩映暮帆迟（桥梁文化）

  中国是一个有着悠久历史的文化古国，不同文化板块、不同地域、不同水土千百年孕育滋养出了千姿百态的城市。一个人的实力、魅力、活力、潜力在于个性，城市也是一样的。城市有个性特色，才能可持续发展，江南水乡古镇特有的水乡风情将其个性诠释得淋漓尽致。

  小桥流水人家是江南古镇的真实写照，也是江南古镇一张鲜明的名片。桥，是构成水乡独特魅力的重要因素，水乡河多桥也多。桥，本身就是一个美好的景物，秀水拱桥，石栏环洞，极富诗情画意，对塑造中国人理想的文明、富足、诗意、和谐的居住环境起了关键作用，在中国历史城镇和建筑艺术史上具有重要的地位和价值。

  鄞江古镇在地理空间上具有山地丘陵与平原交会之处的特征，溪流

鄞江桥

河网密布，河道是这一区域的主要交通纽带，构成了江南古镇因水成镇、因水成市的亲水文化。由于交通主干道是水路，交通工具是船，鄞江人家依水筑屋、傍河而居，形成了依水成街、因河成镇的水乡格局。人家被中间的河道隔断，桥就是连接人家的纽带。

鄞江古镇因为其水网密布的地理特征，为耕种渔牧创造了很好的自然条件，因而在隋唐前这里已经是宁波主要的农业生产区域。又加之背靠八百里四明，物产丰阜，宋代以后，在唐末出现的草市基础上形成了日常商品交易的场所。由于是水陆交通的枢纽，南来北往的车船聚集在这里，桥成了中心，桥的周围往往发展成为各种类型的商业街。如鄞江桥和光溪桥—官池墩是全镇的两个中心。桥堍就成为水乡城镇最活跃的场所，在白天是活跃的交易场所，晚上则是深受人们喜爱的休息场所。在这里人们谈天聚会纳凉，鄞江桥和光溪桥——官池墩也逐渐成为鄞江镇独特的人文地理景观，成为标志性建筑。而桥的造型、历代文人墨客的吟诗诵词，以及后人对于先祖造桥艰辛的传说，都给桥蒙上了浓厚的文化色彩。一方面，桥记载了建筑时代的工艺技术，另一方面，历代的民风民俗也赋予了它深厚的文化底蕴，桥成为地方历史文化信息的重要载体。

鄞江古镇多溪河，樟溪河、鄞江、光溪、清源溪、芙蓉溪、南塘河、小溪港纵横交错，因而桥也多，鄞江桥、光溪桥、悬慈桥、大桥、蜈蚣桥，建造年代不一，建筑形式多样。人们以桥为生活中心，在桥上建庙、建屋、建亭、建廊，桥的功能和形式千变万化。鄞江的古桥与古镇相映成趣，体现了古镇的神韵、古镇的精华，又把江南古镇的河、街、巷、岛、宅、园、店等联结起来，形成了独树一帜的江南水乡古镇的布局。

一、鄞江桥

四明八百里，最忆鄞江桥。鄞江桥位于它山堰下游约500米处，其前身为"大德桥"，又称"大德公桥"，是以木柱为桥脚，上面铺有竹棚的简易木桥，是光溪镇北面百姓通往句章县的必经桥梁。但其时遭洪水冲击，多有毁坏。北宋元丰年间（1078—1085），改建石桥墩木结构屋盖式桥梁，全长127米，宽10米，分28间，是浙江省第一座木结构风雨大桥。随着历史的沿革，历代皇朝都对其进行过维修或重建。最后一次是清道光十三年（1833）重建鄞江桥，清道光十四年（1834），立碑记两块，现存放在它山堰水利陈列馆内，民国初期增桥匾两块，系会稽道尹黄庆澜所书，桥北端"大德会"旁立有镇桥踏，俗称"经幢"。

"青山西去连四明，绿水东流入甬江。"鄞江旧时为商贾云集的"八邑通衢"之地，可谓"货聚山海，语杂八方；舟楫夜泊，绕岸灯辉；市井晨炊，沿江雾布"，而鄞江桥对此有重大作用。道光年间知县周召棠《重建鄞江桥记》载鄞江桥"北通建峤，南达木坑，为四明之锁钥。凡由绍而宁而台

老鄞江桥

之入山者，咸取道于此桥"。鄞江桥连接了鄞江的两岸，沟通了山区和平原，使来往行旅得以安全通行，使南来北往的货物得以畅通无阻，促进了鄞江古代经济的繁荣。

中国的廊桥有木拱廊桥、石拱廊桥、木平廊桥、风雨桥、亭桥等，鄞江桥属于"木平（略拱）多孔石墩廊桥"。浙南和闽北地区的桥梁大多处于山区，基本采用单孔木拱桥技术，由"桥脚、桥梁、桥屋"三部分组成，而桥脚和桥屋的做法全国普遍相同，采用木桩打底以及穿斗与抬梁相结合的屋架。但鄞江廊桥在技术上的不同之处在于，鄞江廊桥不但要求多孔，孔跨"高而大"，而且要有应对江上潮涨潮落和台风汛期山洪过水的桥墩。为此，鄞地民众自行设计出像现代汽车轮子上"铁扁担"一样的托木，施于每个石砌桥墩上，这些俗称"扁担"的双向伸臂木梁增加了桥孔的宽度，减轻了洪水冲击的压力。鄞江廊桥的石砌墩上托木与梁木之间穿隔数根横

067

新鄞江桥

木,将间断的主梁变成多支点连续梁,既有刚性支点,又有弹性支点,有所谓"过牛,桥会抖;猫从桥栏往下跳,桥也会抖"的说法。鄞江桥也因此被编入了《中国古桥技术史》,《中国科学技术史·桥梁卷》对该桥也有提及。

  1979年鄞江桥改建成混凝土结构的水泥桥,满足了鄞江两岸的交通需要。2012年在原址以西40米的复建新桥,现已建成,为5个条石墩、28间廊屋、两端歇山顶建筑,内部6柱落地(桥梁上)的两侧各3柱穿斗结构,中为五架梁,基本保持原鄞江桥的模样。新建的鄞江桥如玉龙饮水、长虹凌波,定格在鄞江的山水间,给青山绿水增添诗情画意。

二、光溪桥

  光溪桥始建于明嘉靖三年(1524),是和官池塘连贯的一体性建筑。

光溪桥

明朝前叶，鄞江镇的主要通道是经当店弄过孙家桥，沿树巷弄途经大德公桥至悬慈。因孙家桥低平，时常被洪水冲毁。时鄞县县令沈继美为便利鄞江镇南北交通，发动民众建成光溪桥和官池塘。

光溪桥于清嘉庆三年（1798）重修，清光绪二十八年（1902）大修。现桥全长39.9米，宽4.5米，桥孔跨度12米，高7.8米，桥孔高度6.5米，南端石阶28级，北端石阶25级，是宁波府最大的单一石拱桥。桥两侧各悬桥匾，东面悬匾"光溪桥"，上款镌有"大清嘉庆三年光绪壬寅重修"，下款为"二月仲春立"，两侧对联为：

    虹桥联古道，遥通百里舟车；
    曲堤枕大江，近接万家烟火。

光溪桥

桥西悬匾"四明首镇"四字,上下款与东面悬匾相同。两侧对联为:

> 甃石驾龙门,雄抱苍山重翠;
> 环溪分月影,长涵蕙水文澜。

历史文化名镇鄞江为宁波西南巨镇、四明锁钥、治水咽喉,光溪桥因它的独特和美感,成为鄞江的视觉识别标志。

三、悬慈桥

悬慈桥位于鄞江镇悬慈村境内,为单向石梁伸臂单孔木平廊桥,始建于北宋天圣元年(1023),于1916年重建,保留了原始的建筑结构。悬慈桥是一座长约19米、宽约4米、悬空没"脚"的廊桥,南北走向,横跨于悬

悬慈茶会碑

慈村南首的清源溪两岸，桥上有瓦屋5间，使得该桥远看就像横跨在溪上的一排古色古香的平房。据专家介绍，伸臂式木桥又称悬桥，指在桥脚上方悬伸出一段条石桥梁，上再以木梁搭接，以使承重梁跨度缩短，可最大限度地增大桥孔的跨度。站在河边朝桥底下看，悬慈桥的金刚墙上果真悬伸出石梁8根，石梁长4米左右，悬伸部分长约0.85米；石梁上再安放横木2根，支承桥的主梁，使木桥跨径得以增大，可以最大限度地泄洪。悬慈桥独特的单向伸臂的造桥技术原理在古代独领风骚，在宁波乃至浙东一带都属罕见，创造了我国造桥史上的奇迹。

悬慈的名称，重在慈，由慈而孝，由孝而文，这一方水土必定是重文崇教的。万斯同《鄞西竹枝词》："往代光溪曾设州，至今民物此中稠。商人解弄三弦子，妇女能梳五凤头。""鄞俗由来不尚华，布衣粝饭足生涯。田家有子皆知学，仕族何人不绩麻。"描述的就是这一带的富裕、文明、尚文、崇读的风俗。《四明谈助》的记载也证实了当地对于文化的崇拜，悬慈桥"北通鄞江桥，南通木坑、清秀岭等处。桥头有阁，上供文帝。下可憩行人，村中屋舍修整，屡闻书声，风俗异于他处"。悬慈桥边文昌阁，供奉帝君昌文运；文昌阁外悬慈村，夜诵朗朗入耳清。悬慈村出了多少人才，尚待挖掘资料，但从悬慈桥的几副楹联中可以想见，悬慈村的文化底蕴确实不一般。

桥上共有六副对联，每联都含义丰富。就交通、地理而言，"绀水千寻回象麓，飞虹一曲映狮峰"，道出了山水环境；"接大岚，通剡溪，行踪络绎；望驼井，对孝庙，风景依稀"，点明了景色交通。就周边人文景观而言，"一部春秋匡汉室，五行辛草利民生""地近诗人高尚宅，亭邻佛氏永丰庵"，说明当地不仅有供奉关云长和华佗的二圣殿，还有唐代诗人贺知章的故居高尚宅和佛家的庵庙，儒道释医，兼容并包。就旅人而言，"停车邂逅成知己，立马斯须别故人""入座尽是风尘客，过桥皆成萍水人"，描写了行人来匆匆去匆匆的过客心境，意味深长。人生短暂，谁又不是这个世界的匆匆过客呢！

桥于 2014 年修葺一新。

四、梅园大桥

梅园大桥在鄞江镇的大桥村。桥跨南北，为单孔石梁桥，桥面铺以六根长条石，面宽 3.63 米，石梁长 5.10 米，厚 0.31 米，设有一台、一殿、一亭、一桥。桥始建于宋淳祐年间，由里人童德新建，初名境安桥，寓村人保境安民之祈望。桥上置苍霞亭，相传由此亭可观赏锡山晚霞倒映溪中而得名。考察此桥，实无大之感觉，唯每根长条石重约 3 吨，村民咸以为大而称之。又因地近梅园，俗称梅园大桥。村民俗称之名掩盖了境安之名，至今赫然挂有"大桥"之匾，并以名村。

大桥之名，还另有深意，意寓桥所处位置之重要。大桥是周边村庄的中心，民国《鄞县通志》中没有录桥，却录有亭。"大桥亭，县西大桥村，清同治五年重修，额曰雄胜古迹，南行柴家，北行牌门头，东行朱家，西行建

大桥

岙"指的就是它。同时,它也是鄞西地区的交通枢纽。大桥村位于平原的边缘,旧时鄞西的两大集市,凤岙市和小溪(鄞江)市,分别在其南北,大桥正好居于两市中间。它南通鄞江,东至凤岙,过凤岙可直达横街、高桥,与浙东运河相连;它又东通蜃蛟、古林,西经建岙,可至樟村。实为水陆交通枢纽,直可说"锡山脚下小通衢,鄞西河网大埠头"。乡镇合并前,梅园乡政府驻大桥村,也从一个侧面印证了它的地理位置的重要。

五、蜈蚣桥

蜈蚣桥在鄞江镇清秀岭上,为古时通往奉化之要津。该桥为单孔半圆形石拱桥,桥台落在山岩上,桥下溪床平坦,拱券采用非常规整的条石横联砌置,孔净跨5.20米,矢高2.60米,拱券有券石51道,两边条石拱基,一为3道,一为4道,全桥共有条石58道,条石厚度0.13—0.18米,条石宽度(拱券厚)除个别几道稍宽外,都在0.30—0.40米之间。拱脚宽2.90米,桥面宽2.45米,略有收分。桥面极薄,一侧顶部的券石外沿已无土石覆盖,露头的券石已风化成圆润状。桥墙用乱石砌就,桥面用条块石铺出

蜈蚣桥

一条步阶小径。全桥用石,都采自周边,为暗红色砂砾岩。

蜈蚣桥为山区少见的古桥,因桥年代久远,稍有变形、脱位,亟待整修。

【六】

千锤万凿出深山(采石文化)

鄞江采石场

  地名是人类社会经济发展到一定阶段的产物,是人们在日常生活、生产以及相互交往联系中,不同地理实体为进行识别所赋予的一种文字符号。地名在其形成的过程中,既受到自然地理环境的影响,又受到社会人文环境的作用,具有一定的地域性、社会性、指位性、稳定性、历史性,在一定程度上反映出当地的自然和人文景观。乡村是人类生产和生活最基本的聚落形式,蕴含着丰富的人地关系。乡村聚落的空间相对较小,所包含的自然地理环境要素和社会人文景观要素较为单一,乡村地名更能准确地反映一地的地域景观和历史文化。

  在行走鄞江的过程中,我发现有许多与"宕"相关的地名,宕山、下江宕、华兴宕、宕潭弄、上化宕、天塌宕、毛家宕,这宕与什么相关联呢?它所反映的是采石文化。而鄞江在历史上确实是以采石文化发达而闻名的。

鄞江采石场

    人类文明的第一缕曙光是伴随着石制工具的制作和使用开始的。而制作石制工具的第一步是采石。由于当时人类认识和改造自然的水平处于起步阶段，那时候的采石活动更多的是采集石材。从石材的采集到手工开采，再到今天的大规模机械开采，采石活动伴随着人类文明的进程，在空间和时间上都留下了一串串耐人寻味的文化印痕，这些印痕就是采石文化。采石文化是人类在一定的时间和空间从事采石活动所逐渐形成的一种相对固定的物质、精神和制度模式。

    鄞江稍具规模的采石活动可以追溯到东晋隆安五年（401）。其时，东晋大将刘裕决定迁移句章县城，着令堪舆术道士择选地址。数月后，句章县境内，按四明山峰脉走势，以龙观为脉络，依狮凤为屏障，采龟蛇为灵气，点官池为晶珠，分两溪为经纬，濒鸟山为伴，在鄞江之滨，与响岩隔江相望的风水宝地建造新县城，其地在鄞东村土名古城畈一带。城虽不大，

通往采石场的河道

就地取材的石料是少不了的。

　　鄞江采石文化的兴盛始于唐代它山堰水利工程的修建。它山堰的修筑一方面起到示范作用，提高了当地人对石材的认知程度；另一方面在当地积累了一定的采石技术，这种技术在工程结束后还可以促成新的采石动机，将石材应用到更广泛的领域中去。唐代的它山堰水利工程对当地人的意识和行为习惯带来深远的影响，对日后鄞江采石文化的崛起起到了巨大的推动作用。

　　鄞江采石文化是在鄞江特有的地质、地貌、水系、气候等自然地理要素的综合作用下产生和发展起来的。鄞江是半平原半山区，山地丘陵蕴藏着丰富的石材资源。鄞江火山岩发育完善，分布广泛，其中以火山碎屑岩为主，硬度适中，性能良好，较易开采，是石材开采的重要对象。

唐代以后江南得到进一步开发，尤其是宋室南渡以后，人口剧增，城镇聚落发达，石材需求很大。明州城的建设、港口码头的建造、堰塘碶闸堤坝等水利工程的兴修、桥梁道路的修建，使石材需求量大增，从而刺激了鄞江采石业的发展。

采石场一般都位于平原山区相交、水运网络完善的地方，纵横交错的水系可为石材运输提供便利。石材体积大、质量重，不易运输，而水运具有成本低、运量大的优点，所以特别适合石材这类大宗货物的运输。尤其是在古代交通技术不够发达的情况下，水路运输成为石材运输的最佳选择。

鄞江背山而面向平原，发源于四明山的樟溪河穿镇而过，至它山堰分两支，一路经光溪桥入南塘河，注入宁波城内月湖，可经塘河与浙东运河沟通；一支过它山堰，为鄞江，旧称兰江，至南三江口汇为奉化江，入明州城与姚江相汇，向东奔向大海。而鄞西平原地势平坦、河港交叉，具有典型的水乡风貌，通过南塘河与小溪港，可与各乡镇沟通。

遍布鄞西的水系和通向全国、通向世界的水运网络，为石材的运输提供了理想的交通条件。纵横交错的水运交通促进了鄞江石材资源的进一步开发，使得石材可以通过发达的水系运输到更远的地方，从而扩大石材的区域影响力，也使得采石文化沿着河流水系扩散得更远。鄞江的石材不仅享誉浙东，而且出了国门，到了日本。鄞江最出名的石材便是梅园石和小溪石了。

梅园石产于梅园村的梅锡、梅溪两个点，南北相距约两公里。梅锡开采梅园石的历史更长，规模也更大。据史籍记载，梅园村早在西晋时便以开采梅园石著称。清徐兆昺《四明谈助》录明黄宗羲《四明山志》云："东浙碑材。不能得太湖石，次之梅园。质颇近腻。今石孔久闭，佳者亦不易求矣。"足可见，在黄宗羲看来，梅园石是碑材中的上品，仅次于太湖石。

梅园石在开采加工之后色泽呈现浅灰或浅紫，素雅大气，质地均匀细密，硬度适中，且耐酸碱，是石雕和建筑施工的上乘之石。著名的阿育王寺天王殿的雕花门鼓、保国寺的观音殿石柱，均以梅园村的梅园石为料雕凿而成。听说当年香港著名实业家邵逸夫先生为其先母修墓，在百余种石料中一眼看中了这里的梅园石。天童寺为渡日高僧鉴真和尚雕刻石碑时，也指定选用了梅园村的优质梅园石。而据中日两国专家考证，公元1184年，东大寺要重建，日本特地从宁波请去了7位建筑工艺匠师，主持并直接参与重建工程。其中南大门前的一对石狮子，用的石材正是地道的宁波梅园石。

在梅园村，大大小小的石宕不少，其中要数华兴宕历史最悠久了。由于没有确切的史料记载，没有人知道华兴宕最初的开凿年代。它的面积并不是很大，仅五六百平方米，可水深难测，常年不枯。据周边的村民说，这个宕起码有二三十米深。站在旁边，看着这一池幽深的碧水，根本无法想象，这平静的水面下，居然曾是梅园石的开采之地。

另一著名石材便是小溪石。上化山有宁波著名的石宕遗址，即上化山南北宕遗址、天塌宕古遗址、毛家宕遗址。三宕相连，东西连绵数里，是明清两代小溪石的主要产地。小溪石是火山碎屑岩，以酱红色为主，岩石层理薄且均匀，近于水平，节理少，可直接顺层剥制板材，或加工成条石、块石，是用于建房、铺路、架桥、筑塘堰、凿刻碑牌的优质用材。

鄞江是石材名镇，采石文化源远流长，挖掘并梳理鄞江的采石文化，不仅能丰富区域人地关系的理论研究，而且对于古代采石场的保护和开发，以及现代采石场的生态恢复和环境改造都具有巨大的现实意义。采石文化具有乡土文化的内涵，对采石文化的研究有利于乡土文化的保护和发展，有利于丰富区域文化的多样性，促进鄞江历史文化名镇的建设。采石文化是鄞江非常重要的资源，如何开发、利用采石文化关系到当地社会和经济的进一步发展，关系到当地旅游业的发展。我们在开发建设的过程中，不能为开发而开发，为建设而建设，切记不要忘记了它本身具有的价值。

一、梅园石

梅园石因分布于鄞江镇梅园村附近而得名，产于下白垩统方岩组地

梅园石

层中。岩石结构致密、坚硬,矿物粒度大小均匀,石质细腻。梅园石的莫氏硬度 6.19,维氏硬度 771.8,肖氏硬度 87,耐酸度 99.06,耐碱度 99.82,抗压强度 131.4MPa。荒料经过切、抛光、研磨后,其色调如晚秋的枫叶,呈现浅灰或浅紫色,素雅大气,美观大方。其质地均匀细密,硬度适中,且耐酸碱,是石雕和建筑施工的上乘之石,为仅次于太湖石之上品。梅园石不仅在国内大名鼎鼎,甚至于南宋时已出口日本。

二、小溪石

小溪石产于鄞江,因鄞江旧称小溪,故得名。上化山南北宕、天塌宕、毛家宕及鄞江南岸之马鞍岗山"东进西出"宕、下江宕所产统称小溪石。小溪石是火山碎屑岩,岩石致密坚硬,其耐酸度 99.2—99.9,耐碱度 99.7—100,抗压强度 81.1—178.5MPa。开采历史悠久,东晋时便有开采记录。

毛家岙毛坯石雕

三、上化山采石场遗址

上化山分布了宁波著名的石宕遗址，是历史上有名的小溪石产地，有上化山古石宕遗址、天塌宕古遗址、毛家岙遗址，2010年9月被公布为鄞州区级文保单位。

上化山古石宕也称南塘北塘，又称光溪塘，与天塌塘、毛家塘相连。东西连绵数里，是明清两代光溪塘石块的主要产地。南北塘口高近十米，塘内相连，深百余米，纵横交叉，迂回数折，石柱林立，可容千人。南塘口积水成潭，方圆百米，深可行舟。据考证，南北塘始开采于元成宗大德元年（1297），至今已有七百多年的历史了。

天塌宕采石场是一个露天采石场，规模宏大，有若干个足球场大，特点是山如刀削，壁立千仞，极为壮观。

毛家岙在光溪村毛家自然村，据天一阁藏《毛氏宗谱》记载，毛氏家

上化山古石宕遗址

族是石匠世家，原籍山西汾阳，明洪武十七年（1384）"奉旨"来鄞江为它山堰加砌石板，定居鄞江，渐成村落。而其地采石活动早于明，在第三次全国文物普查中发现一批毛坯石雕，包括石虎、龟趺、文臣和武将等，该毛坯石雕形状大小与古墓前常见的石雕体量相当，石虎高1.20米，龟趺高0.60米、长1.80米、宽1.15米，文臣武将都有两米多高。专家认为是北宋晚期至南宋早期作品，因石形类梅园而质次，故而被废弃，被称为"假梅园石"。

四、华兴宕

华兴宕在梅园村，是梅园村现知最古老的石宕，亦即最早的梅园石开采地。开凿年代不详，面积五六百平方米，深二三十米。附近还有许多宕口。

华兴宕

五、"东进西出"

"东进西出"位于它山堰南面马鞍岗山峹里，洞口高近3米，内径30余米，东西相通，呈凹字形。马鞍岗山位于它山堰南岸背山面，20世纪70年代，本地村民整山平地，发现有一条宽约3米的石蛋路，是工匠民夫搬运石料之路径。经专家考证，用于建造它山堰、重达3吨的条石就采于此宕。

[七]

鄞江名族真男儿（古建文化）

建岙村

宗族指拥有共同祖先的人群集合，通常在同一聚居地形成大的聚落。在历史上，江南是家族制度极为盛行的地区之一，鄞江亦然，自唐宋以来，世系清晰的大家巨族比比皆是，比如分布在鄞江各邑的钟氏、唐氏、朱氏、毛氏、吕氏、周氏、葛氏、刘氏、徐氏、陈氏。这些古老大族的祖先，或因战乱从北方迁徙而来，或因为官而来，或因喜爱此地而来，使本地的原住民反而稀见。

鄞江的原始居民是"椎髻鸟语"的山越人，他们头上挽着一根独髻，说着中原人听不懂的方言。山越文化的特征是"鲜知礼节"，剽悍尚武。三国时，仗着天高皇帝远，山越人"依阻山险，不纳王租"，与当时孙权的东吴政权前后对抗了几十年。其时土著人口少，百姓的日子并不艰难。后因两晋"永嘉之乱"、唐"安史之乱"、两宋之际"靖康之乱"，形成了三次大的迁徙高潮，外来人口大量涌入，最终使鄞江成为一个移民社会。

我们今天所谓的鄞江大姓，钟氏、唐氏、朱氏、毛氏、吕氏、周氏、葛氏、刘氏、徐氏、陈氏等等，都是外地迁徙而来。他们反客为主，取代土著。唐代以后，不仅越人的生活习俗日渐消失，就是山越之称，也不再见诸文

大夫第门屋

字了。

鄞江姓氏以钟、丰、樊为古老，丰、樊已基本绝迹。钟氏的祖先于唐朝中叶因出仕鄮县令而定居，今居鄞江村、光溪村；唐氏祖先于元朝中叶因任职鄞令而籍居建岙；朱氏祖先于南宋初自徽州婺源（今属江西）宦居鄞县鄞江桥村它山堰，与朱熹同族；毛氏祖先于明朝为朝廷充匠户口，由山西至鄞江采石立籍；木阜吕氏于宋时由金华迁入，与吕祖谦同族；周氏于元朝由奉化因充匠户迁鄞江中潭籍居；悬慈葛氏于明朝万历年间由杭州迁入；悬慈刘氏、光溪徐氏均随宋室南渡由山东而来；光溪陈氏于清道光年间因经商爱其地而居；鲍家墈鲍氏一支于南宋末自徽州迁入，另一支于清初由江苏宜兴迁入，世以烧窑为业。

山水萦绕的地理，孕育并保存了独特的文化形态，它们今天仍放射出灿烂的光彩。

鄞江的氏族大多傍水结村，依山造屋。在鄞江，村落的起源、发展和布局受到多种因素的影响，而风水是其中最重要的因素。风水家有言："阳宅须教择地形，背山面水称人心；山有来龙昂秀发，水须围抱作环形；

四明首镇

鲍家墈

明堂宽大斯为福,水口收藏积万金;关煞二方无障碍,光明正大旺门庭。"这是姚廷銮在他的《阳宅集成·基形》中,为村落基址的选择所定下的基本原则,也就是人们通常所说的"傍水结村,依山造屋"。鄞江境内有樟溪、清源溪、卖柴岙溪、建岙溪四条大溪和鄞江、南塘河一江一河,有建岙山、上化山、王家汇山、鹁鸪山四大山系和清秀岭、绛岭、茶山等许多小山小岭,有良好的卜筑条件,为择基选址提供了较大的空间和余地,背山面水成为古村落的最基本格局,这使村落极富山水之美。邵家、周家、钟家、木阜吕家皆背山面水,建岙五姓缘溪而筑,光溪李家滩"长楼俯水,门系钓艇",新安朱氏沿鄞江一字布排,下吕家为塘河古村,紧邻碧玉似的南塘河,大桥村坐落在小溪港与建岙溪的交汇之处,鲍家墈则是枕山、环水、面屏,有河流绕村潺潺流过,清波环其室,是理想的村落模式。

村落则街巷勾连形似迷宫。街巷又深又窄,阳光射不进去,但可以看到明朗的天空。石板路蜿蜒曲折,黑瓦墙顶高低起伏,形态端庄。正门多位于侧面,穿过饰有精巧砖刻门罩的大门,进入室内,从上面射入的明亮幽静的光线,洒满了整个空间。站在天井仰视,四周是房檐,一种与外界隔绝的静寂弥漫其中。院落以三间为主,所存老建筑中最大为明五暗七

上如松古建筑群保护碑

上如松古建筑群

间。正中有开敞的大厅,向着天井开放,这是"堂"。木质柱、梁和墙壁,以及经精细雕刻的门窗在暗中发光。天井和堂浑然一体,这是内、外起居室,是共有空间。大的村落"烟火万家",一旦着火,后果不堪设想,所以防火就成为村落建设和民居起造时唯此为大的事情。马头墙高高耸立,山墙多为三山屏风墙,五山少见。屋顶多为硬山二坡,偶有悬山、歇山。山墙端部墀头造型优美、样式丰富。在各个村落之中,耸然高出民居、远近相望、最雄伟宏丽的建筑,当推宗祠,大多保存完好。鄞江的村落中以它山堰村朱家、悬慈村鲍家墈、鄞江村周家最有特色。

一、它山堰村朱家

位于它山半岛上的朱家,在鄞江是一个大姓,据天一阁藏《四明鄞江新安朱氏宗谱》记载,其始迁祖伯劭,字永吉,南宋初自徽州婺源(今属江西)宦居鄞县鄞江桥村它山堰。朱姓也是徽州的一个大姓,鄞江朱氏始迁祖是作为程朱理学集大成者的朱熹所在的新安朱氏九世孙。它山堰村朱家聚落如松里古建筑群,又称郎官第古建筑群,是迄今鄞州区内保留规

下如松（郎官第）古建筑群

模最大、最完整的古建筑群，现存建筑多为清代所建。

据记载，清乾隆后期，朱侍郎于它山遗德庙之东建筑宅居，现称上如松。清道光年间，其后代子孙又扩建宅居，分下如松和小如松。此建筑群，共计有建筑三十六幢，每幢五间一弄，共一百八十间，其布局合理，造型古朴，至今基本上仍保留着原有风貌。

朱家如松里建筑群的房屋风格统一，形式相仿，不仅屋宇相连，而且门户贯通。朱氏祖先当初建造这些房屋时，也许就曾考虑到日后子孙辈兄弟妯娌的处境：各家门户洞开，楼与楼之间连成一体，则为一大户人家，可以抵御外族外姓的侵犯；若相互不睦，心存芥蒂，封门闭户则自成一单元。如松里建筑和由这些建筑形成的街巷，体现了中国封建社会中强大的家族观念和封闭自守的原则。

站在鄞江对岸的绛岭山，登高眺望，遥见临江建筑绵延连片，粉墙矗矗，青瓦鳞鳞，马头墙错落有致，与众多的青瓦小山脊交相辉映，显示出一种建筑所特有的韵律美与和谐美。

养正堂表演宁波走书　　　　　　　　　　　　　　养正堂

　　朱氏宗祠包括上朱家祠堂和下朱家祠堂两个分支祠堂。上朱家祠堂也即"养正堂"，祠堂西距它山堰仅百米，始建于道光二年（1822），供奉先祖朱伯劭，堂名"绍文堂"。该祠堂为徽式建筑风格，坐南朝北，无门厅，单间门面，门额砖刻"新安遗迹"四字。中为天井，两旁二层厢房，正厅七开间，八檩。清道光十三年（1833），乡绅朱云严联合族中热心教育人士，在它山庙侧创设义塾，供族人子弟读书，称朱氏真吾书塾。清光绪三十二年（1906），绅耆朱炳藩取孟子"养浩然之气，正做人之本"之意，将朱氏真吾书塾改为养正学堂。民国二十一年（1932），改设鄞县私立养正小学。新中国成立后成为鄞江区校。进入90年代后，此地年久失修，部分坍塌，损毁严重。2009年鄞江镇政府出资110万修缮该祠堂，按修旧如旧原则，恢复原貌。2010年4月，祠堂辟为鄞州区美术家协会创作基地，拥有画室12间，以及一个约200平方米的展览大厅。大批鄞州区乃至宁波市的知名书画家已经长期或不定期地入驻写生创作，创作基地还定期举办各类书画作品展览。里面还设有知名的它山文化研究会，积极挖掘整理它山文化，已陆续编纂出版了"它山历史文化丛书"，在业内颇有影响。养正堂还是宁波走书传承基地。如今，养正堂业已成为一座承载着鄞江人民深沉的人文情怀和文化记忆的标志性古建筑。

下朱家祠堂堂名"敦睦堂",位于它山堰村下朱家,坐北朝南,面临鄞江,向西50米为原鄞江桥,始建于清早期,为典型的江南宗祠格局,是镇内保存最完整的祠堂之一。门厅五三间,三道门,两旁侧室,中天井,二层厢房,正厅五开间朝南开放式,八檩,中供先祖朱伯劭塑像,门厅廊檐为卷棚顶,雕花悬梁,雀替雕刻精美无损毁,大门有楹联一副:"支分徽国家声远,族聚光溪世泽长。"联下方有精美人物木雕,保存原貌。正厅前廊亦为卷棚顶,装饰牛腿、雀替,雕刻精美完好。祠内尚残存清嘉庆十年(1805)所立"二舍房隆吾君府君助祀堂基凭据碑记"石碑一块,文字较完整。

二、悬慈鲍家墈

鲍家墈位于鄞江镇悬慈村。据史志记载,鲍家墈鲍氏一支自南宋末迁入,他们的始迁祖鲍德为避乱自徽州来到鄞江镇。清初,鲍姓的另一支分脉从江苏宜兴迁入这里。宜兴丁蜀鲍氏为陶瓷世家,在宜兴紫砂界占有重要地位,鲍氏自宜兴带来了制陶技艺,故村民世代以烧陶为业,以"鲍家烧"闻名。现在村北小山上有古窑遗址多处,陶器碎片堆积层随处可见。

"溪河似金带环抱",村子三面环水,水叫秀水河,其上游是卖柴岙溪。村子的背面是后门山,史书上记载叫响山,紧邻鄞江,旧有贺知章钓台遗迹。村前隔着宽阔的田畈,是一列屏风般的前门山,书上叫大岩山、狮子山。村东南的村口是一祠堂,隔河是几棵苍劲古朴的大樟树,为水口。这样的布局符合古代的堪舆学,尤其是现址对"水势屈曲而又环向之"的自然利用,水口的设置堪称一绝。

堪舆学认为水即财富之气,留住了水就是留住了财气。秀水河之水自卖柴岙弯弯曲曲而来,即"不见源头天门开";秀水河之水自村东南而去,其水口建桥作为"关锁",并广植樟树,作为镇物,以便留住财气,确是"不见水去地户闭"。水口边迄今尚存的几棵香樟"风水树",挺拔雄伟、枝叶茂盛,象征着村子的兴盛。以前村子人口不多,却出商贾巨富。考察一

鲍家墈

　　下鲍家墈那七间二弄的大宅,那大院套小院、小院带花园、院落重重的古建筑,其规模、其用材、其雕刻,真是那些商贾巨富所建。该村应该也属于"积万金"的比较富裕的村了。

　　鲍家墈的古建筑大多为清代、民国时期所建,主要集中在村东的天房、地房和东弄堂周围。这些古代院落式民居,远望,头墙高耸,鳞次栉比,层层叠叠;走近,屋身高敞,用材讲究,雕刻精美;踏入,弄堂幽长,庭院深深,寂静无声。村东临河的老屋爬满了青藤,河里一群灰鸭在自由地嬉水。"秋潮倒卷秀溪桥,春色平分高尚宅",真是这美景的写照。

　　村中的宗祠保存完好。鲍家墈的祠堂就在村东南的水口旁。祠旁,小河、古桥、大树、石板路,古意苍茫;祠前,良田、美池、阡陌,豁然平旷。鲍氏宗祠(报本堂)供奉的始祖为春秋五霸之一齐桓公的重要谋士鲍叔牙。祠堂坐北朝南,五开间,四合院式格局,门厅三门两侧室,天井、二层厢房,正厅五开门,八檩,民国时期曾改为村小学,后作为村老年人协会活动场所,保存基本完整。2009年按修旧如旧原则进行了维修。

　　"霜衣雪发青玉嘴,群捕鱼儿溪影中。惊飞远映碧山去,一树梨花落

建岙

晚风。"祠堂对面的前门山一带为白鹭栖息地。鲍家墈一带有江岸、河滩、溪流、水塘、稻田,是白鹭活动和觅食的天堂。这里还有淳朴善良的村民守护着白鹭。一个地方的生态环境如何,一个地方的人文环境如何,天人是否合一,有时动物是一面镜子,是检验的标准,看看这里的动物就知道鲍家墈的山水人文环境了。

三、石头村周家

石头村周家位于鄞江镇鄞江村,背靠上化山,面临樟溪河,其采石文化历史悠久。据传,元大德八年(1304),周氏祖先自奉化迁居于此。原与钟家居住在樟溪河边的天顺里,后因晴江岸筑堤护塘,樟溪河改道,迁居上化山麓。

　　宁波有大隐石、小溪石、梅园石三大石材，鄞江有其二。周家是著名的石头村，尚保存有一定的古代风貌，代表鄞江的采石文化。历史上，此处两山相夹，偏僻险峻，人迹罕至，尽荒山，无地亩。其先祖不避艰险，掘地开荒，筑石为田，自耕自食，繁衍生息，渐成村落。周氏世世辈辈居山林，过起了与世隔绝的田园生活，同时靠山吃山，靠水吃水，利用上化山火山碎屑岩资源，开采上化山所产小溪石，加工成条石、块石；又利用面临樟溪河的水运优势，将小溪石销往宁波等地，用于建房、铺路、架桥、筑塘堰、凿刻碑牌等。周家很多人靠开宕为生。

　　老村虽然有些破落，但二纵二横的主布局尚存，大多数建筑还完整，特色尚在，古韵犹存。村里的建筑顺着上化山坡的走势建造，总的说来，呈东西走向，居所大门朝南，东西为街，南北为巷，以山势陡缓分层筑就，高高低低，前前后后，没有统一的布局，却恰恰造就了一种自然美。临溪的建筑，有的院落紧依陡峭崖壁，就以壁为墙；有的地势高低不平，采取房顶等高地面不平的方法筑建，就像现在的叠墅，可为建筑业的一大创新。村民们无意间绘就一幅聚聚散散、参差不齐、错落有致、虚实相间、明暗有度的中国山水画，并把意韵美凸显到极致。

　　进入村内，触目皆是用石头砌筑的房屋，石的墙，石的门框，石的地板，石的围墙，或高或低，或大或小，或精或粗；满眼皆是石的构件，房前屋后墙角，到处都是石柱础、石凳子、石臼、石槽、石碾、石磨，或成品或半成品；山坡上小石板路凹凸不平，面上爬满毛茸茸的苔藓，缝间长有不知名的碎叶紫草；就连村外的沟渠、农田也是用乱石垒成的，两块石头简单地一竖，也便有了楚河汉界。一条源于上化山顶的小溪入村后已被长条石覆盖，在我们的脚下流淌；从上化山至樟溪河边的"之"字形曲折而下的坡石道是古代取石进出的通道，如今成为健身步道。

　　据说村里还出过"大人物"。北宋的植物学家周师厚，撰有名著《洛阳花木记》，在牡丹研究史上有重要地位，其自署"鄞江周氏"。全祖望《甬上族望表》谓"西湖周氏"，时间上也有些差异。但从中国的修谱史上看，倒也能理解。还有一位名气更大，明朝后期传奇作家周朝俊，其《红梅记》所反映的爱情故事，至今传唱。英雄不问出身，我们不做史学的考究，只为周氏有杰出人物感到欣慰。

　　石头村是一段凝固的历史，是用石头写就的历史。周家村若稍加整理，修复些房子，征集些本土石槽、石碾、石磨、石碓、石磉、石盆、石桌及石构件，加以展示，可以打造成特色村。

【八】

五龙潜处野云闲（神龙文化）

龙观

四明首镇

鄞江历史文化溯源

五龙潜处野云闲（神龙文化）

中华大地是龙的故乡，龙是中华民族的象征，是中华民族文化的重要标志，史前传颂的炎帝、黄帝等是中华民族的人文始祖，又都是龙的化身。因而，中华儿女是龙的传人，不分种族和信仰，也不论生长在天南和地北，都以是龙的传人为自豪。中国民间爱以龙命地，用龙名人。龙的形象是中华民族的符号，是中华儿女血脉相连的情感！中华龙文化有着十分悠久的历史渊源，在中国民间有着非常丰厚的文化积淀。龙司风调雨顺，兴云播雨，造福人类和万物。龙踞水潭，必有传说。

由于四明山水的滋润，鄞西南多龙潭，如龙观溪东村后的上化山龙潭，已经开发旅游休闲景区的龙观五龙潭，优质矿泉水的水源鄞江澄浪潭，它山堰上的表龙潭、月光潭、平水潭，茶埔附近天井山狮子峰龙潭，桓村银山寺附近的潺潺水龙潭，龙观潘溪白滚山附近的白滚龙潭，赤水桃坑的对头岩龙潭，它山堰南端下游几十米处的梅龙潭。各潭皆有传说，而以上化山龙娘育五龙的传说流传最广。

龙观

上化山有龙娘庙。龙娘庙在全国并不多见，白龙庙倒是比比皆是，其实这是一个故事的两面，体现了不同的文化，突出了鄞江的地域特色。

故事的梗概是这样的：一大户人家有一女儿，聪慧漂亮，长大成人，未觅得意中夫婿，久未婚嫁。后因误食蟠桃，暗结珠胎，含冤被逐出家门。诞下四子一女后，此女艰苦度日，护养子女成人，后子女化龙而去，分居天井各潭，造福一方。此女也羽化成仙，享人间烟火，被称为龙娘。

各地的故事略有差异，有谓揣金蛋、食杨梅、食龙涎而怀孕，有谓诞一子、二子的，而鄞江的则诞四子一女。万变不离其宗。而鄞江的龙传说与其他地方区别最大的在于全国许多地方塑庙祭祀白龙，在追寻白龙的诞生时，会提及龙娘；鄞江不一样，故事强调的是龙娘，强调的是龙娘如何护养子女成长，这是对源头、对根的一种重视。

龙娘的故事体现了什么？它体现了山民对雨水的渴求，对生命之水的敬重。在山区，每逢旱季，溪河断流，塘坝干涸，田地龟裂，人畜饮水困

难。此时唯有那汪永不枯竭的深潭,甘洌如饴,解民之困,纾民之难。山民对于深居龙潭的龙的崇拜,对于龙娘的敬重,自然要更虔诚些。

　　龙娘的故事体现了什么?体现了山民对母亲的尊重,对子贤孙孝的宣化和肯定。龙娘含冤离家,孤苦无援,独自一人护养五个子女成才,这是中华妇女忍辱负重、勤劳、坚忍、善良品性的体现。山区的妇女对此更有体会,对龙娘的尊重和崇拜,自然要更虔诚些。

上化山龙娘潭

龙娘的故事体现了什么？体现了上求成道、下化众生的牺牲精神。龙娘含辛茹苦把子女培养出来，尚未享天伦之乐，就让子女们去各居一潭，遍洒喜雨，为民造福。山民们都有挑水而饮的经历，龙娘一家牺牲小家，护佑一方，福泽一方，山民对他们的崇拜，自然要更虔诚些。

龙娘的故事体现了什么？也许还体现了龙娘对于爱情、对于自由婚姻的向往。故事最初的原形也许是这样的，龙娘有了意中人，爱上了穷小子，未婚先孕被父母逐出家门，自此与如意郎君过上了艰苦而幸福的生活，子女成群，个个出息。山区女子的婚姻更多是父母之命、媒妁之言，束缚更多些，她们对龙娘的崇拜，自然要更虔诚些。

龙娘的故事体现了什么？体现了对真善美的追求，体现了对自由、博爱的向往。凡是对于大爱，人们的崇拜，自然要更虔诚些。

近代以来中国社会变动剧烈，许多古迹毁于一旦。现在的龙娘庙是今人集资重建的，庙前的两方捐建碑记录着人们的善意和善举。龙娘庙呈回字形，不大，目测也就二三百平方米，但香火旺盛。

在生产能力低下的农业社会，人们靠老天爷吃饭。龙既为司水之神，深受村民崇拜。干旱之年，请龙求雨之事便在各地流行。旧时，宁波各县请龙求雨，大体类同。民国《鄞县通志·文献志·礼俗·迷信》载："请龙。农民遇久旱，则请龙，约邻村农民异境庙之神往龙潭祷求，偶见水中有蛇、鳗或蛙、鱼等动物浮出即以为龙，置诸缸内，请之而归。要求邑之长官，跪拜供奉如神，或醵资演戏以敬之。俟雨下乃送回。"

宋陈师道《五言贺雨》吟诵的便是鄞江请龙求雨之事，其诗曰：

六月鄞江旱，焦劳刺史忧。
戴星趋洞府，踏月叩龙湫。
引咎青章设，为坛古法修。
山川将尔遍，牲币岂吾留。
帝意兹回眷，神聪俯应求。
油云潜感召，灵雨忽滂流。
急势朝翻幕，寒声暮咽沟。
余波平浦屿，翠色蔽田畴。
池阁消残暑，闾阎庆有秋。
邦民无以谢，惟起载途讴。

这首诗非常完整地反映了鄞江请龙求雨的情况。鄞县西乡民众请龙神布雨还有四句口头谚语："请请回峰洞，三日乌蓬蓬；请请天井山，三日龙闪闪；请请潺潺水，三日雨丝丝；请请上化山，雷雨像酒盏。"还是上化山龙娘的法力高。

在祈雨的过程中形成了许多民俗，舞龙便是其中之一，成为宁波流传最广的民间舞蹈之一。舞龙除为祈求风调雨顺、五谷丰登外，也常见于迎神赛会及各种庙会。龙色彩丰富，形式多样，有布龙、绣花龙、双龙盘柱、打结龙、断尾巴龙、小人龙、草龙等，一般为9节、12节，多至18节、24节，现作为群众性文娱活动，常于春节、元宵节和庆祝集会组队表演。

一、五龙潭

宁波五龙潭风景名胜区是国家AAAA级旅游区、省级风景名胜区，是宁波第一家通过ISO9000国际质量认证体系的旅游风景区，也是"宁波新十景"，在这里，你能领略到华夏文化的精髓：龙的精神和山河秀美。

五龙潭位于宁波市西南鄞州区龙观乡，距宁波市区约35千米，此处

五龙潭

有象山港大桥连接鄞州区到象山，便利的交通为周边市民提供了新鲜去处。五龙潭景区面积达16.17平方千米，以自然风光为依托，有着中华龙文化的瑰丽传承，具有浓烈的华夏"龙崇拜"民俗文化特色，是国内游龙潭、观龙俗、祭龙祖的绝佳去处。景区集浙东山乡风情、民俗文化内涵为一体，溪流飞瀑、怪石险峰随处可见。

区内群山环抱，峰峦挺拔，悬崖耸立，溪谷幽深，地形变化丰富，好不显耀！其山奇水秀谷幽、山乡风情浓郁，是游览观光、休闲度假、礼佛朝圣、山地健身锻炼之佳处，也是游客回归自然山水、品味山村风光、感知浙东地方文化的不二之选。

五龙潭飞瀑景区占地6.2平方千米，有龙潭五井十二瀑、五龙神堂、古祭龙坛等景观。五龙神堂、一母四子雕像都蕴藏着美丽的传说，向你娓娓道来其奥妙；而五井龙潭——孚泽潭、昭泽潭、利泽潭、显泽潭、润泽潭的龙神都曾被宋理宗、元惠宗册封为相、侯，这在历史上是绝无仅有的。祭龙坛则是由70吨福建绿孔雀石雕成的龙形图腾柱，耸立在近400米高的山峰上，蔚为壮观，好不气派！

二、堰上三潭

平水潭，亦称上潭、邵家潭，位于樟溪主流与龙王溪、桓溪汇合处下游的王家汇山脚，北岸为邵家村。樟溪西来，直冲山脚然后折向东北方向，潭边岩石裸露，形成回水清潭。其潭深不见底，水色清秀。因旧时鄞江上游江河不分，咸潮可上溯至此涨平，故名平水潭。潭形为长椭圆，面积约六亩，深十余米，阔约三十米。

钟家潭，亦称中潭。因潭上人家多钟姓，故名。樟溪自平水潭经晴江岸直冲上化山脚，又折向东南去它山堰方向，形成回水区。潭边岩石毕露，长久不淤，"水清澈底，鱼若行空"，"长楼俯水，钓艇系门"，令人作濠濮间想。多月光鱼，又名月光潭。当地又有"大大鲤鱼钟家潭，小小尼姑冷水庵"之俚语，其景独特。

平水潭

悬慈村澄浪潭(老区)

青龙潭,又名下潭、它山潭。其地在它山西山脚,距它山堰北端20—30米,西北岸是回沙闸。此潭由樟溪主流直冲山脚形成,岩石倒悬,深不见底。传说有龙王蛰伏,称"它山青龙"。又传潭底岩石龙洞有幽径直通它山庙王元𬀩坐像下。旧时地方农民在抗旱时,往往前去"请龙求雨"。后在主流改道,逐渐淤浅。1965年为整治堰上溪道,在此采石,潭即填平废弃。

【九】

物外佳境禅房深（佛教文化）

四明首镇

鄞江历史文化溯源 一

物外佳境禅房深（佛教文化）

四明山心摩崖石刻

佛教自西晋传入鄞地后，逐渐流传，隋唐开始兴盛，五代和宋代达到繁荣鼎盛，元明清衰微并社会化、世俗化，近代曾一度复兴。鄞地佛教由于诸多高僧大德的精进努力和社会各方的护持，不断与当地的地理环境、政治、经济发展状况和历史文化背景相结合，形成了名僧名寺相得益彰、对外交流地位突出、佛教文化积淀深厚、官宦民间倡行推动的地方特色，宁波也因此被称为东南佛国，在中国佛教史上有着显赫地位，对中国佛教的发展有着重大的影响。天童、育王、观宗、延庆、七塔诸寺是佛教史上的大刹，敬安、圆瑛、太虚、谛闲皆是高僧大德，他们都对中国佛教文化做出了极大贡献，值得大书特书。而那些普通僧众和中小寺院不混世俗、隐入深山崇谷，也是值得我们铭记的。毕竟不是所有寺院僧人都能承担、都去承担"人生佛教""人间佛教"的社会责任，积极入世去参与社会活动。历史上鄞西的许多寺院多属于山林清修型的寺院，与当地的自然地理、人文环境相吻合。

位于四明山东麓的鄞江，对于以出世之心行入世之事的佛家来说，因地理位置独特，入可静修，出可弘法，所以寺庙众多，各具特色。位于宝峰山的宝峰寺（冷水庵），昔日树木森森，泉水淙淙，人迹罕至，清朝徐志泰有诗详述之："径转松风幽，岭纡山势耸。于此葺招提，檐前断翠拥……"云中禅寺（岩庵）位于崇岩壁立、冈陵隐见的巨岩之下的岩穴中，其"庵僧两三人，寮房在右，循梯而上，有岩楼二楹，纸窗木榻，可为好学之士习静读书"，诚为物外佳境。与云中禅寺相似的禅岩寺，"似洞非洞天然仙洞，无门有门纯属佛门"，也是先人利用天然岩洞建成的，可坐百余人，其环境也是"密树丛中清涧出，虚岩洞口白云稠"。而清秀寺则在"幽溪荫翠云，芳泉清且冽"的清源溪边上的清秀岭上。历史上稍微热闹点的要数宝严寺了。宝严寺"四围墙阴栽梅数十本，每当腊破春回，花开烂漫，望之如雪，扑鼻清香。一路环植，或疏或密，绵绵不绝，所谓十里梅香也"。其山水之奇，林壑优美，总成一景。

四明山道

一、宝峰寺（冷水庵）

宝峰寺，初建于明初，是它山遗德庙的分支。位于宁波市鄞州区鄞江镇光溪村毛家宝峰山脚，北连宝峰山。宝峰寺屡圮屡修，清康熙十二年（1673）重修，雍正八年（1730）又重修，咸丰七年（1857）又葺之。民国二十六年（1937）改为冷水庵，始持女僧，属临济派分支。其原格局与其他寺庵有异，天王殿前围墙，门开二道，东首门刻"朱天君庙"，祭祀明末思宗皇帝崇祯朱由检。西首门刻"冷水庵"。均为石刻镌名。抗战胜利后，恢复寺院名称，成为庵庙并立的佛教圣地，极为罕见。

旧时此地古木参天，寺前冷水池水清碧见底，四季清凉。清朝徐志泰有诗详述之：

　　径转松风幽，岭纡山势耸。

于此茸招提,檐前断翠拥。
中有小穴通,寒泉常自涌。
一饮齿乍惊,再饮神亦悚。
石云复蒸人,毛发几欲动。
长夏每经过,使我消烦冗。
但觉寒气多,不觉暑气重。
火龙纵有权,恃此以无恐。

宝峰寺以泉水出名,寺前岩下有冷水潭,味甚甘洌。大雄宝殿下有冷水孔,每年盛夏,未近洞口,冷气扑人,且冷水常年不断。明龙德孚《圣泉铭》有记:"寸田尺宅,一窍浑成。六丁运斧,天一聚精。如冰斯寒,如璧斯莹。激之不浊,澄之不清,取之不绝,积之不盈。无垢无净,无灭无生。是谓圣泉,用以洗心。""常喜它山冷水庵,一泓冰雪地中涵。坐来六月浑忘夏,不信人间暑气炎。"这是万斯同在《鄞西竹枝词》中对冷水庵的描写。

宝峰寺还曾住过大德高僧。抗战胜利后,宽润法师就住在宝峰寺。宽润法师,号锡铨,俗姓朱,鄞县陶公山人,1906年农历二月十九出生。初学书画装裱,二十七岁时投杭州虎跑寺礼弘伞法师出家。1932年在天童寺受具足戒,随圆瑛法师学《楞严经》,参究至诚,深受器重,嗣承临济法脉,为临济宗第四十一世。他先后任天童寺写法、知宾、衣钵等职,后参谒金山、高旻等名山诸宿。1936年住镇江金山寺,旋迁福建涌泉寺。翌年回到天童禅寺,任监院职,兼鄞县西乡定光寺、天井寺住持。在抗日战争时期,宽润法师为鄞西抗日游击队、地方民主政权给予多方协助和支援。宽润法师精通佛法,善书能诗,爱好收藏书画,是宝峰寺历史上亮丽的一笔。

宝峰寺分前、中、后三殿,东西两厢房。至"文化大革命"时期,尚残存中殿残屋一栋及两厢房。1992年以后,住持释成德发动俗家弟子及乡民再修宝峰寺,修葺后的宝峰寺保留原有风格,增塑千手千眼观音及伽蓝佛身。其中卧佛身长六米有余,是浙东地区各寺院最大的佛身之一。寺

冷水庵

院外挂"宝峰寺"匾，内厢房挂有"冷水庵"匾。只是旧物稀罕，所见仅一清代经幢，也已在上面重新镌刻了"南无阿弥陀佛"。清乾隆后期住持僧种植黄杨两棵，至今郁郁葱葱，树冠已高四米左右，是省内最有价值的名贵古树。

二、云中禅寺

云中禅寺又称云石庵，位于鄞江镇鄞江村晴江自然村东南方向的王杜岙山中。因以天然岩洞为庵基，古人称之为岩庵。庵内现存清乾隆四十八年（1783）岩庵碑记石碑一块，洞口有两株二百余年的枇杷树和一株樱桃树，洞内滴水成潭，清凉宜人，是理想的清修和憩息之地。

《四明谈助》中有一段是这么写的：

> 岩庵不见志乘，只见屠田叔云："游它山、遵陆，以佛迹、岩庵胜。"应是近代所开。庵中略无梁柱，但于岩口设以棂门；中供佛像、

钟鼓;左为厨房,有天然水下贮于缸,溢则听其自去。庵僧两三人,寮房在右,循梯而上,有岩楼二楹,纸窗木榻,可为好学之士习静读书,亦物外佳境也。岩庵右上有澹庵,僻处山岙,竹木阴森,人迹罕至。

寺不大,与记载相符,以岩洞为基,口设门牖,上书"大雄宝殿",左厨已另立,唯"天然水下贮于缸"仍存,谅是煮茗佳泉。寺东新设二层寮房二楹,确是静习读书之地。其地溪峰回转,水木清华,怪石嘉卉,修竹环绕,有登临涉览之处,游目骋怀之观,诚人生难得之境,让人流连。

寺离它山堰不远。从它山堰出发,沿庙前山,过问水亭,徒步走向晴江岸村,至王杜岙口,有"岩庵等我来"石碑招引。"等我来",似乎我本缘于此处,然因一时受尘世所羁绊,悟念未开,机缘未到,只能暂且在外混世;"等你来",则似乎原本你不属这里,却被希望能到此一来,多少有着过客之嫌。"等我来",是自己内心的向往,是一种心灵的召唤;"等你来",则是别人对你的期盼,是一种相识的因缘。

"岩庵等我来",五字意味深长!

三、禅岩寺与燕山庙

禅岩寺位于鄞江镇禅岩村东(现属清源村),以天然岩洞为寺基。"禅岩教寺,唐贞元元年(785)建。宋建炎间(1127—1130)毁,元至顺间(1330—1333)重建,明时屡加修建"。由此可知禅岩寺至今已存1232年。东端建燕山庙,亦称童君庙,祭祀唐太和七年(833)建造它山堰的有功之臣鄞县丞童义,寺庙并立。

《四明谈助》记载,"禅岩山,县西南八十里,旧有禅岩院。山根于菱湖之南,下有禅岩堰。其山东北行,绵亘不断,直至江口而止。山南之水,出于大埠头;山北之水,出于悬磁,总合于江口"。寺靠清秀岭,"上有三十六峰,清秀奇丽……蜿蜒曲屈,大势南来,峰峰逼视"。山上诸岭相连,东北向有鹰咀岩、牛山、大岩山,直至江口;西南向有蜈蚣岭、箭岭头、

岩庵

笔架山、鹁鸠岭,为四明山之东余脉。

禅岩山,与"禅"有关,与"岩"有关。这一带岭岭相连,奇岩怪石绵延攒簇,鹁鸠岭就是因为"绝顶有石,状如鹁鸠"而名。有岩必有洞,清秀岭下就有洞,因岩穴建寺,有清修之义。因禅岩寺而名山,而名村。禅岩村原属句章乡,1983年建禅岩村,2004年4月,禅岩村与卢王村合并为清源村。

禅岩寺背山面溪。绿荫掩盖,首见天王殿和水陆堂,为新建配套。天王殿后,才是原禅岩寺,门很小,有联曰:"似洞非洞天然仙洞,无门有门纯属佛门。"进入寺内,分前后两殿,前殿东端建有燕山庙,即童君庙,寺庙并立。不过庙内塑像挺多,还有华陀像。洞中寺院,其规模之大,胜于岩庵,令人叹为观止!《四明谈助》载,"可坐百余人,言法师修道之处",诚然!

出得寺来,左侧有一排新建的二层楼房,是管理、居住用房。牵头管

洞中禅岩寺

理寺庙的是一对老年夫妇,他们很忙,念经、吟唱、添香、扫尘埃、敲木鱼、撞钟、打坐,一刻也不停。他们年岁已高,但不作高深状,只是心慈面善,真诚待人。他们是佛教文化的实践者、弘扬者,真正的修行者。

与那些规模宏敞、宫殿巍峨、气宇非凡的寺院相比,这庙宇与岩庵一样,真的是太小了,甚至有些许简陋,有些逼仄。但栖禅之所,谈法之堂,斋寮庖湢,鱼螺铙磬,凡佛家所应有者无不具。其远离喧嚣、都市,即使偶尔来一个香客,也会肃然一壁而立,于手忙脚乱中,心逐渐静了下来,不自觉中就有另一种坚固的东西踏实地填进心膛,或许听见了山与地的呼吸。

四、清秀寺

"清水池中莲华九品,秀山岭上妙树千行。"

清秀寺,坐落在鄞江镇金陆村境内的清秀岭上。四面环山,东边是涌泉飞瀑的卖柴岙水库,西面有怪石嶙峋、清澈透底的武岭水库,南接奇峰迭起的凤凰山、狮子峰龙潭,北倚雄奇灵秀的夹山。"明月照松影,清风伴鼓声"。从金陆村清源桥步行至清秀寺,约两公里,环山石子路盘旋而上,清源溪、清秀岭、清秀洞、果树林木、花卉茶园，赏心悦目，清净秀丽。清静幽雅的清秀古刹便坐落在这绿色环抱中。

清秀寺最初建于宋乾德二年（964），在一千多年前宋代最盛时期，僧众达千余人之多，原名"清凉院"，又称"千僧寺"。大中祥符元年（1008）宋真宗御赐"清秀寺"匾额。宋淳熙年间重新扩建，明朝时期又屡次加以修葺。清康熙六年（1667）住持道元和尚建修静室闭观道场。1926年，林真和尚圆寂，由贤徒兴仁升座，一直香火极旺。清秀寺的佛殿、室、厅、堂建筑雄伟别致，点缀于群峰之间，真是"幽谷疏钟传妙法，空山绝壑住僧家"。1941年，该寺被日寇放火烧毁，三江禅林中最古老之清秀寺就此毁灭。如今，只有那石拱古桥、练武擂台梅花桩、石碾马槽、舍利塔等依然留存，默默诉说沧桑。

如今佛光重辉，佛寺重建，大殿、地藏殿、三圣殿、厢房、厨房等一应俱全，面积达五千余平方米，已成规模。"清秀寺修清心六根清净，禅林僧参禅法三界禅门。"该寺四处皆洁净如洗，不染一尘，晨钟暮鼓，秩序井然，僧俗各从善恭俭，尊礼守节，诚是清修正信的好道场，是善男信女弘扬佛法、学佛诵经、避难消灾、延年益寿、净化身心的仙境。

五、宝严寺

宝严寺（又称"宝岩寺"）在梅园村，原梅溪村，松巷自然村直上，毛家坪水厂旁边。始建于唐元和十二年（817），名孝义院，宋大中祥符六年（1013）改宝严讲寺，赐额，是历史上著名的寺院。沈明臣有《游宝岩寺》诗咏之："山口带湖唇，秋光媚行客。高树半青黄，澄潭湛寒碧。一径入逶迤，荒林钟磬僻。纪寺屡废兴，残碑在东壁。因知萧夫子，乃是颖士迹。空坟仅千年，但有荒苔色。回首问白云，何时再来得？""纪寺屡废兴"，宝严寺确是屡圮屡兴。元至正八年（1348）重修，至正二十五年（1365）圮。明永乐年间重建山门，外立牌门一座，上有"锡山"二字，为张即之书。明正统十一年（1446）建法堂、天王殿、著衣亭。成化十七年（1481）重修大殿。

嘉靖二十二年（1543）重修法堂。嘉靖四十四年（1565）重修佛殿。万历二十八年（1600）重建法堂。清康熙十一年（1672）重修，并建天王殿。

宝严寺更以梅花闻名。翻阅李邺嗣《甬上耆旧诗》和全祖望《续甬上耆旧诗》时，有众多吟诵宝严寺梅的诗，"宝严探梅"是宁波历史上著名的一景，吸引了众多文人骚客和大德高僧。

清林时对《梅溪探梅记》云："有梅溪，以梅得名，叠峦耸秀，万壑争流，而一溪环绕，亘十余里，汇为建岙之大桥，及与塘河合，于是宝岩精舍建焉。肇自唐元和，初名孝义院。至宋大中祥符间始赐今额。寺基宏敞，广五亩，四围墙阴栽梅数十本，每当腊月春回，花开烂漫，望之如雪，扑鼻清香。一路环植，或疏或密，绵绵不绝，所谓十里梅香也。"十里梅香香雪海，每当梅花盛开时，文人们相邀宝严探梅。

宝严寺之梅，是寺院所植，以补风水之不足。据《宝严寺志》记载："名山不可多得，形胜罕见其全，将遂听其废散乎无已。则借人力以补救之。于是寺东植松木千章，接岫撑云，翼蔽于左，名曰松行。又循溪植梅花万树，作寒碧亭于中。……即有此补偏凝气之作。"可见寺院广植松木梅花之用意。自宋至民国，经历代培育，亭亭如盖的"松行"和朵朵争艳的"十里梅花"，终成景致，享誉浙东，成为文人出游、兴会、吟诵的对象。

清初曾鲁在《宝严寺志序》中说："若夫山水之奇，林壑优美，十里梅花，芳香满路，众人每览物，寄怀其诗歌。"自宋王安石《寒碧亭》诗始，而后之游览吟咏者著作如林，除前述二耆旧诗外，《宝严寺志·艺文》中共收录约120首诗歌，8篇散文，其中与梅花有关的诗文50首左右。诗作多集中于明末嘉、万年间和清初康熙年间，这两个时期恰是宁波文化兴盛、文会活跃之时。明代张邦奇、张时彻、范钦、沈明臣、闻泽等人和清初浙东学派李邺嗣等人的诗歌，比比皆是。至民国时，四明有两大高僧太虚和圆瑛，民国六年（1917），太虚偕慈溪普济寺玉皇法师至宝严寺避暑度夏，有唱和集《宝严风韵》，圆瑛法师也有《宿梅园寺》《送庄严上人住宝严寺》等，可见民初宝严寺也未到"松尽梅稀"的地步。惜今已了无踪迹了。

〔十〕四明风流数溪上（名人文化）

小赤壁

孔子曰:"仁者乐山,智者乐水。"中国人似乎对山水有着一种特别深的感情。

在中国传统文化中,山水与人的品格紧密相连,好的山水让人赏心悦目,也能陶冶性情。宋郭熙《林泉高致》的"不胜名利之扰,不堪世俗之闹",追求的是一种高雅清静的生活情趣。

"仁者乐山,智者乐水""近山知鸟音,近水知鱼性",中国人乐居山水间的情结由古至今,从未更改。"上善若水,水善利万物而不争"。水的清澈透明、无形无色能让人怡情养性,而其川流不息的生命力给人以激励。水于人而言,已不仅仅是简单的生活环境,更是对一种生活方式的认同和交融。临山而栖、临水而居成为世代追崇的尊贵生活方式,也是中国传统人居观念的精髓所在。

隐逸山林、寄情山水,是历代文人雅士的最高居住理想。鄞西的鄞江便是这样的一方净土。

鄞江镇位于四明山东麓,属鄞西平原西部边缘大镇,是千年历史文化名镇,自东晋隆安四年(400)建筑句章县城,唐为小溪,宋为光溪,至今已有1600余年的历史。

"鄞邑林壑之美者,多在西南,而它山、小溪间为最胜。"这也是《四明谈助》中的记载。历史上,以鄞江为中心的整个樟溪河流流域,包括龙观、洞桥、横街广大地区,都是文人首选的闲居之地。俗居在闹市,太噪;隐居在深山,太僻;闲居在四明山东麓、鄞西平原西部边缘的交接地鄞江,可进可退,进退自如。

"夫山川之秀,必赖人物以发之。"这一地区,唐宋时期闲居着不少名人。

元清容居士袁桷《鄞县小溪巡检司记》载:"群溪毕会,水清泠如明镜,岩峦拥秀,千篁竞发,碧瓦朱甍,翚甍鳞比,望之如神仙居。宋绍兴中,北客多乐居之。魏文节公结圃墅,与客大梁张武子为诗友。其他如安仪同孙、王尚书相继卜筑。而为是镇者,于于养恬,承接履舃,争斗绝庭下。"

全祖望也有类似记述:

而吾鄞诸叟之卜筑其间者,亦于此最多,故游人迁客亦最盛。自唐贺秘书为开荒诗老,其高尚泽今尚存。宋丰清敏公,则蕙江其故居也。陈尚书以忤蔡京归,于密岩结冥庵。南渡而后,魏文节公自焦山来,筑碧溪庵于石臼,为觞咏地。而张监军良臣自大梁来,亦卜居焉,三径密迩。其时文节东阁之客,甲于江东,王季彝之诗,白玉蟾之仙,柴张甫之侠,葛天民之诞,皆以魏、张之友来溪上。又未几时,而楼宣献公别业在焉。宣少师之别业亦在溪上,而乡里以其人不甚重,故弗称。咸淳间,安秘丞刘以忤贾似道亦居溪上,日赋诗。而王尚书深宁园亭,多在城东,其溪上小园则晚年所为也。东发黄先生亦别署杖锡山居士,其寓溪上最久。

樟溪河

据此可知,唐贺知章首居乡岩。两宋时期,更有大批文人闲居于此,魏杞"告老隐居小溪,遍游诸名山,与张良臣相唱和,绝口不言时政";"生死有高义,不独羡林"的书法家张即之居仲夏;"淳熙四先生"舒璘再传弟子安同义"退隐里之小溪(环村)";"南迁仗锡东同谷"的东发学派创始人黄震"居湖上又居同谷居小溪",与安同义"结同岑"。此外尚有丰稷、陈显、楼钥、王应麟等都曾在此结庐闲居,一时称盛。

而鄞江文人云集之盛至明代又达一高峰。明代,尤其是嘉、隆、万间,山人盛行。钱谦益曾说:"本朝布衣以诗名者,多封己自好,不轻出游人间。其挟诗卷、携竿牍、遨游缙绅,如晚宋所谓山人者,嘉靖间自子充始。"沈德符亦说:"数十年来出游无籍辈,以诗卷遍贽达官,亦谓之山人。"不难看出,山人作为晚明社会的一个特殊群体,也有不同,一类为携薄技以遨游,另一类为躬耕以自给,餐芝茹薇,盟鸥狎鹿,称卓老,讲禅宗,杜门著述,以诗文书画终老,足迹罕入城市。也有介于二者之间,先挟薄技以谋生,而后隐居的。明代宁波的山人以句章山人沈明臣、由拳山人屠隆为首,包括汪坦、汪长文、吕时、杨伯翼等,形成了一个群体。沈、屠两人是全国著名的山人,《明史》称:"嘉、隆、万历间,布衣、山人以诗名者十数,俞允文、王叔承、沈明臣辈尤为世所称。"《雪庵清史》提要说:"大抵明季山人潦倒恣肆之言,拾屠隆陈继儒之余慧,自以为雅人深致者也。"屠隆、陈继儒俨然山人领袖。沈明臣隐居栎社,屠隆隐居城外桃花渡。汪坦、汪长文父子隐居大雷,杨伯翼隐居小山,吕时隐居木阜山(今蓉峰)。后四位皆隐居在鄞江周边,亦游亦隐,但以"隐"为主。宁波的山人之间常互相探访,诗酒往来。

石盂山人汪坦号识环,少擅异才,于书无所不读,有遗世之意。曾历官藩幕,虽在簿牒间,未尝一日废书。作吏十余年,非其所乐,遂解组归里,在大雷山下,构屋山椒,曰"大雷山房""岚栖云构",为层阶,渐蹑渐高,高云宿栋,飞泉夹坐,至者如入仙都洞府。日吟啸其中。尽以诗法教其子礼约。复使游于沈明臣之门。沈明臣游四明从大雷入。先宿汪氏山房。汪氏父子出黄鸡白韭作供,讨论四明故实三日夜,烧烛传磁,主客欢甚,称为盛集。

杨伯翼居住在句章城的故址上,所卜筑茅屋名为桓溪山房。其《小山望月》诗序说:

> 出城南五十里,舟行水石间,一峰宛宛出林末,为小山,下为小溪,盖杨隋时小溪镇,古句章城废址在焉。予因山构茅茨为老计,左江右溪,长林修竹,平畴广野,高台幽轩,无不有也。宴坐之隙,时与山僧野翁谈经问字,较晴量雨,兴至则策杖游西山诸寺。每有佳晨好夕必会,会必小饮,期不必畅也。

甬东山人吕时少喜为诗,不治经生,及壮负气不能随俗俯仰,尝于坐隅书"青天白日,名山大川"八字,亦隐亦游。为鄞江木阜山吕家人,迁居于城南北渡,然常居木阜旧业,曰木阜山房。其有很多咏隐居生活的诗,如"旧业尽凋没,深冬欲卜居""虚窗对岩穴,早晚片霞生。初日送山影,中宵足磬声""林窗读书处,清夜鬼谈兵""短衣不蔽胫,蓬发自吹面。无力营生产,甘心委笔砚。桑间屋两间,枯茅覆不遍。爱读古人书,析理极欢怅。纵令万黄金,焉能夺吾贱"。虽然生活艰辛,但吕时不忘读书之志。

一方面,明代尚保留文人结庐在鄞江的风尚,另一方面,一方山水养一方人,人借地灵以杰。钟灵毓秀的鄞江山水哺育了一批优秀儿女。明沈嘉则《光溪》云:

十里郊墟山水都,古今遗事未应诬。
采芝故近黄公里,洗马犹传贺监湖。
六代衣冠成冢墓,千家烟水属蘼芜。
青天回首归何处?落日千峰兴不孤。

其自注:……光溪之东西南北二十里间,衣冠萃止,称盛焉。进士则郑宏、楼东、张辅、朱凯、鲍璋、吕和、周致、华爱、陈璧、赵吴、陈束、全元立。而璧、爱、束有文章名;宏以吏两发解,位终都给事;致以延庆寺僧出身,知县事;元立以翰林学士为少司空。明经则赵瓒、赵珪、赵政、赵敏、赵堵一家凡五人。又楼伟、穆澄、陈钦、全文,而政为郎中。文学则陈世则善著论,陈銮出贡,方纲以博学称;而子可能诗,又子石称才。嘉靖间有儒生吴景祥,字天锡,称高才,能诗,不幸早卒。

明代六朝,就光溪东西南北二十里间,出了如此多的人才,不由人啧啧称奇。真所谓溪上风流,于斯为盛。

一、贺知章

贺知章(约659—744),字季真,晚年自号四明狂客,唐代著名诗人、书法家,越州永兴人。以诗文知名。武则天证圣元年(695)中乙未科状元,授予国子四门博士,迁太常博士。后历任礼部侍郎、秘书监、太子宾客等职。为人旷达不羁,有"清谈风流"之誉,晚年尤纵,自号"四明狂客""秘书外监"。据全祖望撰写的《高尚宅钓台记》记载,贺知章晚年在鄞江鲍家㘲村附近筑屋养老,入道修炼,并垂钓鄞江。其修炼养老之高尚宅遗址于20世纪70年代因采石被毁,贺公钓台同样没能幸免。全祖望《高尚宅钓台记》碑今在它山庙。

二、丰稷

丰稷(1033—1107),北宋官员。字相之,谥清敏,明州鄞县人。嘉祐四年(1059)进士。历官谷城令、监察御史、国子祭酒、吏部侍郎、御史中丞,奏劾蔡京,转工部尚书兼侍读,改礼部,尽言守正,积忤贵近,出知越州,蔡京得政,贬道州别驾、台州安置。历任要职,清苦廉直,人颂"清如水,平如衡",反对权臣擅改。又博学多闻,遍注经传。工书,尝书慈溪《永明寺殿记》,海内少见,开大而不沓拖,谨密而不拘曲,驰骋于意象之先,于笔画之外,蔡、苏、黄、米之美,无不挹取而不用其一笔。

三、陈显

陈显(1064—1148)少好读书,五经博览,为熙宁年间生员。宋仁宗元丰七年(1084)甲子科中河南乡试解元,登乙丑进士,初任翰林院编修,历升礼部侍郎,擢升资德大夫兼太子太保、户部尚书。学问渊深,性资鲠直,惠政素闻于朝野。崇宁元年(1102)得宋徽宗御赐擎天宝砚,并御赐五言诗刻于砚之背:"驷马功勋载,名留御礼乡。体存仁者寿,日有自传扬。石眼明星朗,池心洗日光。文房一铁砚,中正外端方。"对陈显颇为嘉赞。后因弹劾奸臣蔡京触怒宋徽宗,官贬浙江,继而隐居鄞西四明山,"于蜜岩结冥庵"。后召为宣和殿大学士,他辞而不受。金兵南侵后,他举家南迁,后定居于南粤张槎。为张槎陈氏始祖。

四、魏杞

魏杞（1121—1184），南宋官员。字南夫，一字道弼，寿州寿春（今安徽寿县）人，移居明州鄞县。绍兴十二年（1142）进士。受经于明州赵敦临。以宗正少卿为金通问使，不辱使命，连擢参知政事、右仆射兼枢密使，后出知平江府，以端明殿学士奉祠告老。以诗名闻天下。告老后定居溪上，投闲啸咏，绝口不道时事，飘然人外，宏奖风流，全祖望认为"句余多相公，文节最清修。晚卜稚川宅，闲看碧玉流"，"不特吾乡十八宰执之杰也"。

五、张即之

张即之（1186—1263），宋代书法家，字温夫，号樗寮，历阳（今安徽和县）人。张即之生于名门显宦家庭，为参知政事张孝伯之子，爱国词人张孝祥之侄，系中唐著名诗人张籍的八世孙。博学多识，"性修洁，喜校书，经史皆手定善本"。历官监平江府粮科院、将作监簿、司农寺丞。特授太子太傅、直秘阁致仕。后知嘉兴，以言罢，居鄞西仲夏。

张即之书法深受唐人影响，初学欧阳询、褚遂良和颜真卿，后转师米芾，参以汉隶及晋唐经书，加上受禅宗哲学思想的影响，故形成一种独特的书法艺术风格。此外，他还"独传家学"，以张孝祥书为主调而自成一家。擅长楷书和榜书，尤喜作擘窠大字，是南宋书坛首要人物，有"宋书殿军"之誉。他游历鄞西多有题写，明永乐年间重建宝严寺山门，外立牌门一座，上有"锡山"二字，为张即之书。

六、黄震

黄震（1213—1280），字东发，学者称于越先生，慈溪人。南宋宝祐四年（1256）进士，授迪功郎、吴县尉。咸淳三年（1267），擢国史馆检阅，参与修纂宁宗、理宗两朝《实录》。继因上疏建议停办僧道度牒，收回庙宇土地，经纡民力，触怒度宗，被贬官三级。次年出为广德军通判，禁淫祠恶俗甚严。1270年因指责郡守不法而被免职。未几改为绍兴府通判，有政绩。后历官提举江西常平仓司、江西提点刑狱、提举浙东常平茶盐、侍郎官等。为官清廉，自奉俭薄，激励贤善，修明文教，创东发学派。慈溪发现的《黄东发墓志铭》载，"朝而国事非矣，自是屏居山林者五年"，先隐居于定海灵绪乡之泽山（今慈溪田央乡），榜其门曰"泽山行馆"，其室为"归来之庐"，后侨寓鄞县，"居湖上，又居同谷、居小溪"，与"退隐里之小溪"的安同义"结同岑"于环村。全祖望曰："东发黄先生亦别署杖锡山居士，其寓溪上最久。"其优游林下五载，应多在鄞西度过。卒葬慈溪鸣鹤乡钱家岙，门人私谥为文洁先生。元至正中，门徒建泽山书院纪念黄震。其著作有《黄氏日钞》九十七卷（实存九十四卷），《古今纪要》十九卷，《古今纪要逸编》一卷（又名《理度两朝纪要》），《戊辰修史传》一卷，《仰天遗草》一卷（已佚）。

七、王应麟

王应麟（1223—1296），南宋官员、经史学者。字伯厚，号深宁居士，又号厚斋。庆元府鄞县人。宋理宗淳祐元年（1241）进士，宝祐四年（1256）复中博学宏词科。历官太常寺主簿、通判台州，召为秘节监、权中书舍人，知徽州，官至礼部尚书兼给事中。其为人正直敢言，屡次冒犯权臣丁大全、贾似道而遭罢斥，后辞官回乡，家居凡二十年，自号"深宁老人"，专意著述。为学宗朱熹，涉猎经史百家、天文地理，熟悉掌故制度，长于考证。一生著述颇富，计有二十余种、六百多卷。所撰《玉海》二百卷，囊括当时科举考试所需的各类知识；考据性笔记《困学纪闻》以考证为特色，居宋代三大笔记之首；蒙学著作《三字经》风行700多年，流传海外众多国家，是一部优秀的儿童道德教育教材。全祖望记载"尚书深宁园亭，多在城东，其溪上小园则晚年所为也"。概王应麟家居二十年中晚岁居鄞西小溪。惜其《深宁集》一百卷已佚，无咏鄞西诗留存。

八、楼钥

楼钥（1137—1213），字大防，又字启伯，号攻媿主人，南宋鄞县人。隆兴元年（1163）进士。出身书香门第，资禀高明，风采俊仪，琐碎事务不常挂于心，潜心经学，旁贯史传以及诸子百家，识古奇文，精小学，善大字。对人和乐平易，善引导扶持后进。乾道五年（1169），以随员身份使金，任书状官。绍熙元年（1190）任起居郎兼中书舍人。庆元元年（1195），宁宗即位，外戚大臣韩侂胄专横，指理学为伪学，墨逐理学派，楼钥屡奏议论治国之道，反对韩侂胄，推崇朱熹，终被罢逐回里，家居凡十三年，杜门著述。又于月湖南岸建"东楼"。开禧三年（1207），韩侂胄被杀，楼钥被重新起用，累官至参知政事。楼钥素好藏书，凡精椠著本、刻本、抄本，必一一收藏，亲手校雠。历几十年之聚集，东楼藏书逾万卷。时东楼经常接待读者："客有愿传者，辄欣然启帙以授。""门前莫约频来客，坐上见观未见书。"（楼钥诗句，王应麟札）楼钥家居时期，常居小溪，其《它山堰》长诗，有"它山堰头足奇观，百万雷霆声不断。谁把并州快剪刀，平剪波澜成两段"佳句。其《小溪道中二绝》之"后弄环村尽溯游，凤山寺下换轻舟。舟人努力双篙急，引得清溪逆岸流"，也常被引用。楼钥卒后葬于今龙观乡龙溪村磻溪自然村彰圣山。

九、张良臣

张良辰（约1174年前后在世），字武子，一字汉卿，号雪窗，大梁人，避地家于鄞（一作襄邑人，家于四明）。生卒年均不详，约宋孝宗淳熙初前后在世。隆兴元年（1163）登进士第。官止监左藏库。笃学好古，室无长物，妻子不免饥寒。性嗜诗，但不强作，或终年无一句，故所作必绝人，学者称雪窗先生，江南诗家共推为"过江诗祖"。晚居小溪山中，从魏文节、史忠定游，芒屦藤杖，日与高逸往来其间，不复以名宦为念，闭门读书，终日凝然。文节公魏杞晚居小溪山中，日从酬唱。著有《雪窗集》十卷、《绝妙好词笺》传于世。有咏《清修岭》诗云："丧胆岩上人,怖死岩下人。周道自砥直,何柱不问津。人生贵适意,毋容矫吾真。渊明兀余年,漉酒乃一巾。"有庙在清源村。

十、全元立

全元立,字汝德,号九山,嘉靖三十四年(1555)进士,改翰林庶吉士,授检讨,充会试同考官,所举多浙名士。同修会典,进修撰,充经筵日讲官。严嵩奸恶专权,全元立愤然援笔草文揭严嵩罪状。杨继盛被害,全元立再讼严嵩于朝。嘉靖三十五年(1556),迁侍讲学士,因不肯为皇帝草表词,出迁南京太常寺卿,兼署光禄寺。到任后,裁冗丁,汰冗食,清幕僚,迁南工部右侍郎。因受严嵩打击排挤,致仕。严嵩倒后,累荐不赴。归里后,慕四明山鹿亭、樊榭之胜,作"双韭山房",四明山大小皎古称大小韭,古时此两山多产野韭。两溪中间夹了一列山,此便是谢康乐《山居赋》所称"二韭三菁"。全元立因慕四明山"二韭三菁"形胜,将别署名为"双韭山房",又因四明山为道教第九洞天,铸印曰"第九洞天",学者称"九山先生"。到了清代,其后裔、大史学家全祖望仍把自己书房叫作"双韭山房"。

全元立是全氏为郦学世家的开创者,全祖望曾言:"先司空(全元立)于嘉靖中校之。先宗伯(全天柱)于万历中校之;先大父(全吾骐)于顺治中又校之。""予年二十以后雅有志于是书",并一生七校《水经注》。全氏家族对郦学研究做出了创造性的贡献。

十一、汪礼约

汪礼约,字长文,又字士崚,号石雪,少负异才。嗜学治古文家言,工诗兼善书法。与其祖父汪玉、父亲汪坦三代皆擅为文章。又师从沈明臣,得其指授,由是名日益重,里中宿老无不翕然称赞。尝客京师,游于太学,未几即弃归。自中年起隐居四明山,名所居曰"大雷山房""岚栖云构","即尽谢客,坐卧一山楼著书,虽妻子绝不得见,垂二十年"。虽"即尽谢客",但对师友、文学之士,汪长文也是交游的。其师沈明臣曾游四明山,从大雷入,先宿汪氏大雷山房,搜讨故事。汪长文陪同游览,每策杖至一佳山水,过先辈隐居,辄相酬唱,合为《四明游籍》,沈明臣记其事于卷首,屠隆、余君房作序,一时词人竞相传写。同门屠隆听闻后还有《闻沈嘉则先生与汪长文游四明山作》记其事,一时风流。后屠隆曾入四明山访汪长文,其和汪长文《芰荷亭歌》有"一时同游总寥廓"句。屠田叔也曾访汪长文,有《同杜苍舒入大雷访汪长文》诗,诗云"重来寻谷口,万壑转分明。枫叶兼山赤,岚光接涧平。香生橡栗饭,霜老芋魁羹。避世他年事,诛茅共此生"。杨伯翼与汪长文关系密切,常有诗文往来,曾获赠茅栗。其他尚有丰应元《访汪长文入大雷山》、李德丰《入大雷山访汪长文隐居》等。

十二、杨承鲲

杨承鲲(1550—1589),字伯翼,号桓溪,国子生。杨承鲲是杨美益之子,与宁波著名的西杨同宗。杨承鲲"少有异质,嗜书,尤喜读班、马二史,工于诗,善法书,萧疏似晋人。年十五六为诸生。沈明臣一见奇之,欣然曰:'今日建五丈旗当以杨生居吾前,所谓猘儿难与争锋也。'因作《戏赠杨伯翼》诗,以是有重名"。为诗益高,每传一篇,诸宿老无不叹服。曾拜谒其时文坛领袖王世贞,王世贞见其行卷"绝惊赏"。余君房评曰:"国家诗如伯翼有几人?"屠隆亦评曰:"今世灵心伟手吾伯翼是也!"

杨承鲲曾北上作《蓟门行》,一时名满京师,客辐辏至,不胜款对。病百余日即谢归。居里中,隐居鄞江小山桓溪山房,布袍芒屩,翛然逸尘。其致友人书云:"家有遗业一区,桎枫白栗,隐映若碧,城风涛生,几席间菱菰荷芰䴗鸥薯蓣之属,至死不饥。伏腊之暇,想足老矣。"性爱佳山水,不极幽险不止。尝夜半过送骨岩,雾黑林深,风飒飒竖毛骨,怡然也。遍访鄞江名胜,而他确实是留下直接与鄞江有关诗作最多的诗人,仅名胜诗就有《圣水山房》《佛迹》《岩庵二首》《宝岩寺》《小山》《桓溪晚归》《清源道中喜雨》《澹庵》《小山偶作》。

十三、吕时

吕时（约 1753 前后在世），旧名时臣，字仲父，生卒年均不详，终年七十岁。世居木阜峰下山川名胜之地。早岁有诗名，以避仇远游，历齐、梁、燕、赵间，寄食衡王、潘王诸邸。孙中立序其诗曰："山人鹤骨癯癯，若出衣表，为人贞介廉洁，不妄交不苟取，故为诸王公所重。"与沈明臣同年，年四十五相遇定交，常互访同游、诗酒往来，命次子吕辇从沈明臣学。又曾与徐文长相交，作《灵物篇》相赠，叹为绝奇。诗作多咏隐山居生活。著有《甬东山人集》。

吕时熟悉宁波风土，所作《沈世君问宁波风土应教五首》最为有名，录于下：

越绝饶山水，古今文物稠。三冬无积雪，十月尚余秋。
风雨无归处，家乡在尽头。出门车马少，到处泛兰舟。

石头古城子，城下绕沧波。大屋空如谷，小船尖若梭。
山深置麂鹿，潮满制鼋鼍。距海五十里，生涯海错多。

淹淹梅雨后，卑湿用楼居。有地俱成稼，无人不读书。
香多吸老酒，鲜极破黄鱼。顿顿新粳饭，先将赋税除。

儿童养鹅鸭，蔬果足山家。赤午农耘稻，清宵妇缉麻。
烝尝先敬慎，婚嫁稍奢华。长吏民皆畏，无烦刑法加。

四明八百里，物色甲东南。玉版春肥笋，瓷瓶雪醉蚶。
董山足灵气，慈水供余甘。窈窕千峰处，幽踪日可探。

其中"越绝饶山水,古今文物稠""四明八百里,物色甲东南"为名句,多被引用。而二、三、四首所述江河湖海、渔樵耕读的特点正是号称"小宁波"的鄞江的真实反映,可以说是鄞江的风土。

【十一】土沃民逸乡风好(村落文化)

四明首镇

鄞江历史文化溯源 一

土沃民逸乡风好（村落文化）

临水人家

四明八百里，物色甲东南。

四明山区山清水秀、人杰地灵。从堪舆而言，确是宝地。相传明初浙东天台山国清寺摩讲禅师，俗称摩讲僧，深谙堪舆之术，以目卜葬，无不应验，又称目讲僧。他踏遍天台山脉和四明山脉，对四明山脉的风水极为赞赏，认为四明山正南脉有龙穴，数百年后有圣人出；四明山正东脉多龙潭，其周边子孙勤持家、富裕、重文、贤孝、安逸。万斯同《鄮西竹枝词》："往代光溪曾设州，至今民物此中稠。商人解弄三弦子，妇女能梳五凤头。……鄞俗由来不尚华，布衣粝饭足生涯。田家有子皆知学，仕族何人不织麻。"描述的就是这一带的富裕、文明、尚文、崇读、安逸的风俗。

《鄞县通志》记载："本邑鄞江两岸，土地肥沃。"而此地"桑麻遍野，鸡犬相闻。其土最肥，土下种贝母，土上可种莱菔、雪菜，则一举两得，获利十倍于禾"。种植贝母对土壤要求很高，适宜于质地砂壤、透水性好、地面坡缓、排水良好、耕作层疏松肥沃的土壤生长。鄞江湿地原为沙土冲积而成，绝适宜种植贝母。万斯同在《鄮西竹枝词》中写道："种谷无如种药材，南村沙地尽堪栽。"《象山县志》也记载，象山"有种植浙贝历史，以后移栽鄞县小溪、堇江一带，有万人种贝以此为生"。种植雪菜也在这一带开始，据《广群芳谱》载："四明有菜，名雪里蕻，雪深诸菜冻损，此菜独青，雪里蕻之得名盖以此，味稍带辛辣，腌食绝佳。"民间有"一担贝母一船谷""三日不吃咸齑，脚骨有眼酸汪汪"之说，它们"获利十倍于禾"，成为湿地的主要农作物。因此，鄞江百姓一直以来相对比较富裕。

这一方水土还重文崇教。《四明谈助》的记载也证实了当地对于文化的崇拜，悬慈桥"北通鄞江桥，南通木坑、清秀岭等处。桥头有阁，上供文帝。下可憩行人，村中屋舍修整，屡闻书声，风俗异于他处"。而它山半岛上的朱氏则继承了新安朱氏"虽十户村落，亦有讽诵之声""自井邑田野，以至远山深谷，居民之处，莫不有学、有师、有书史之藏。其学所本，则一以郡先师朱子为归"的崇文重教的传统，养正堂便是最好的例证了。

受教有地，取善无穷。由崇文而重慈孝，鄞江有两个非常有名的与慈孝有关的故事，我把它们命名为"植楂奉母"与"悬慈救母"，它们是慈孝文化的最好体现。

"植楂奉母"的故事发生在梅锡，后人建庙祀之，庙始称榠楂祖庙，又叫康孝子庙。中国有许多有关孝子的故事，其情节大致类同，大多与吃有关。在生产力低下、物资匮乏的年代，还有什么比吃更重要的呢！著名的二十四孝故事里，与吃相关的就有"鹿乳奉亲""百里负米""拾葚异器""涌泉跃鲤""怀橘遗亲""哭竹生笋""卧冰求鲤""乳姑不怠"。康孝子的故事其实也很简单，《四明谈助》记载，康用锡"事寡母至孝，母爱食榠楂，手植以供。乡邻有亲病者，乞其果，食之皆愈。后人思其孝德，立庙于树所，祀之"。"榠楂"亦作"榠樝"，是一种果木名，其果实亦名榠楂，味酸涩，可入药。康孝子不仅孝，手植榠楂，满足其母爱食的需求，而且还性善，每当百姓有疾，或发生瘟疫时，无偿提供榠楂供药用，造福乡里。

"悬慈救母"的故事发生在悬慈。传说北宋末年，时值金兵入侵，兵荒马乱,一个叫张无择的男子背母逃难来到此地,眼看要被金兵追上。他急中生智,把母亲隐蔽地悬挂在蓴潭边,又用茅草把母亲盖起来,自己去引开金兵。后其母逃过一劫,而张无择却不知所终。张无择蓴潭藏母事迹感动乡人,人们建悬慈庙纪念他。孝的力量是强大的。县市改称悬慈,悬藏慈母的驼井,俗称"蓴潭",改叫悬慈井,村南的大片良田叫悬慈畈,村庄也叫悬慈村了,就连村里的桥也叫悬慈桥。

两个故事,皆因孝而感天动地,不用细究,反映的是鄞江人民对于孝道的重视。

鄞江的民风是淳朴、安逸的。《鄞县通志》记载:"鄞江无席产,以贝母、生丝、竹木、茶为主要生产力,富无事他求。……昔人谓沃土之民逸,其信然欤。"富无他求,过着自己安闲、舒适、知足的生活,这种生活方式与当今鄞江所追求的打造休闲小镇、慢生活基地有着高度的吻合,也是当代越来越多人的追求!

一、楼楂祖庙

楼楂祖庙位于鄞江梅锡村西部群山环抱之中,周围古木参天,风景优雅。祖庙由闻时政修建于宋开庆年间,《四明谈助》记载,闻时政,"字宗德,开庆间,自响岩移居石马塘。性嗜学,博综今古。修造石马塘桥,首建楼楂孝子祠。韬身以文,居乡以德,济众以义"。现存祖庙为清雍正年间重建,近年虽经重修,古韵依然。祖庙坐北朝南,从整体看,是传统的回字形格局,依次为门楼、戏台、天井、大殿,两边厢房,大门正中悬着"楼楂祖庙"四字匾额,庙内戏台名叫九狮台,两边对联为:"是假还真人在世间都作戏,无往不复我云台上早题春。"后殿内供奉着康孝子等神位,香火旺盛,每年八月初十为祭神日。整个建筑雕刻精致,装饰精美,体现了宁波传统工艺,是鄞州区目前保存较为完整的晚清建筑。至于为何名"祖庙",原是后人以此为本,思其孝德,于蜃蛟再立楼楂东庙,于梅溪立楼楂南庙,一木置三隅,四时香火,千秋享祀,可见其影响一方。

平水潭

中国的老百姓淳朴善良,他们过着俭朴的生活,只求平安、健康,他们懂得感恩,建庙祭祀那些保佑他们的人,村村有庙,往往一庙多祀。槟榔祖庙除主祀康孝子外,还供奉龙神和郑覃。槟榔祖庙庙后山谷有龙湫,湫有龙神,天旱无雨,有求必应。郑覃,字季厚,明州人。靖康二年(1127)贡于乡。建炎四年(1130)春,金兵陷明州,纵兵大掠,覃挈族人辟难山谷间。为金兵所劫,迫其降,郑覃厉辞骂敌不屈,投潭自尽。其夫人哭曰:"夫亡矣,与其受辱以生,不如死。"亦自沉。郑覃死后,其孙、曾孙多举进士,而以二登相位的丞相郑清之地位最显。

二、悬慈庙

悬慈庙古称孝子庙。悬慈庙最早建于南宋淳熙五年(1178),由里人刘太公出资修建,原称孝子庙。清乾隆年间,里人鲍光重修。原前殿有二道门,上镌庙匾二块,上首门悬匾"鲍德庙",下首门悬匾"刘德庙",均为纪念刘、鲍二氏修建悬慈庙之功德。后殿大门悬匾一块,上书"孝感动天"。悬慈庙在"文革"时遭到严重破坏,后又复建。2011年重建的悬慈庙金碧辉煌,富丽壮观。照壁上刻着庙的历史和孝子事迹,读来一目了然。

【十二】

红色堡垒闪光辉（革命文化）

四明首镇

鄞江历史文化溯源

建岙

　　沿山村是鄞江镇最北边的一个村庄，位于镇北 7 公里处锡山脚下，与横街镇隔河相望。其辖边家、沙滩头、瓦窑桥、潘家垫 4 个自然村，村委会驻地边家。原住民主姓边、袁、潘、张。主要种植水稻、蔬菜、瓜果、蔺草。考察沿山村，印象最深的是村里许多关于英雄人物的传说和革命志士的事迹。而这些我以为与村里的民间信仰有关。

　　民间信仰是民众在长期的历史进程中，因情感寄托、崇拜而自发产生的神灵崇拜观念、行为习惯以及与此相应的仪式制度。旧时中国有所谓村村有庙的说法。民间信仰与当地的自然环境、人文环境关系密切，地方色彩浓郁，草根性强，是一种原生态的乡土文化，具有悠久的历史渊源和深厚的民众基础，比宗教具有更悠久的历史和更广泛的社会基础。民间信仰的诸神，均具有求生存、保平安、祈健康、消灾难的实用功能，是一个地区民众的生存状态、历史渊源、世俗风情、生活期盼、生命追求的真实反映，传递了劝人敬畏、感恩、有度、为公、为忠、为善、为孝、惩恶等信息。最普遍的要数东岳庙、关公庙、土地庙、玉皇庙、玄帝庙、三官庙、观音庙、娘娘庙、山神庙、龙王庙、火神庙、财神庙、华佗庙,而沿山村的蒋山庙别具特色,体现了对为民除害的英雄的崇拜。

蒋山庙坐落在村西锡山莲花峰下峚大里口蒋山南山脚。蒋山是座孤山,东西走向。蒋山庙有新老之分,老庙建造年代不详,奉蜀汉三国蒋琬为庙神,新庙建于清顺治元年(1644),增祀蒲将军,这与蒲将军为民除害的传说故事有关。

相传蒲将军为古林蜃蛟人,以替人养鸭为生,平时练功强身。有几日,他发现所养鸭子经一桥下日少一只。经细心观察,发现为一巨鳝所食。他将巨鳝诱捕,吃肉喝血,功力猛增,逐渐成长为一个高大威猛、待人豪爽热情的汉子,常在乡里行侠仗义。后乡邻集资助其进京应武举,为奸人所害,落第失意。归途沿西塘河行舟至宁波望京门外,恰见营造接官亭牌楼,工匠无法立柱,蒲自告奋勇以力相助。事成,工匠相邀共饮庆贺。未知用力过猛,抑或饮酒过多,肚子疼如裂,蒲感时日无多,欲再行善事。恰闻鄞西交通要道蒋山,有一条蕲蛇盘踞,咬死咬伤多人,过往行人、远近居民闻之,白天绕道而过,晚上不敢夜行,一时间人心惶惶。蒲将军决心为民除害,他用自己的病躯与毒蛇搏斗,直到与毒蛇同归于尽。

据传此事发生在明末,村人为缅怀他,在蒋山庙增塑蒲像一尊。清朝初年,朝廷为了笼络汉人,到处建庙封将,把蒲也封为将军。蒲将军的故事流传至今。随着时间的推移,后人已习惯于把蒋山庙称为蒲将军庙,而蒋琬反而很少有人知道了。

去民之患,如除腹心之疾。沿山村对于为民除害的英雄的崇拜和祭祀代代相传,在淳朴的村民心中,有一种"凡克己以济民,皆力行而不悔"的精神传承。如果说蒲将军在村民心目中仅仅是一个传说中的勇士,那么沿山村能够成为革命老区村,涌现出一批"以身许国,但求福国利民"的英雄人物,也就不奇怪了。在这些英雄人物中,尤以边春甫和陈晓云两位烈士为代表。

边春甫,1903年10月出生于沿山边家村,6岁入私塾启蒙,14岁入宁波群学社求学;1918年入效实中学。1921年,在西乡石马塘追远小学任教。1924年,考入上海大学,接受马列主义思想。1925年,积极参加"五卅"运动,同年加入中国共产党。1926年春,受党组织派遣回宁波任教,任中共盛垫支部(横泾支部)书记。"四·一二"政变后,他在鄞西从事地下工作。1932年后,历任大众乡乡长、梅园乡乡长。他重视教育、破除旧思想、兴修水利,为梅园地区做了许多好事。1940年夏,日军陷宁波,边春甫到处宣传抗日救国,积极协助党组织开展各项工作,协同组建"鄞西自卫游击大队""宁波自卫总队第二支队部警卫独立分队",为建立和发展党的武装,为鄞西抗日根据地的巩固和发展呕心沥血,直至病逝,终年39岁。而被誉为"杰出女乡长,革命好大姊"的陈晓云,1910年12月出生,1938年,任教沿山小学。1941年4月,加入中国共产党。历任梅园区工委书记、县直属乡支部书记、梅园乡乡长(浙东地区第一个抗日民主政权女乡长)等职。她在浙东第二次反顽自卫战中被捕,经受酷刑,却毫不屈服。1944年4月30日夜,被国民党顽军秘密杀害于横街镇坟弄口,死时年仅34岁。陈晓云是位反抗封建礼教、酷爱自由,并为之拼搏的勇敢女战士,是浙东抗日根据地中一位杰出的女共产党员。

  陈晓云和边春甫之墓就坐落在蒲将军庙西南约三百米处的边家岙大里水库坝下,为区级文保点。与陈晓云合葬的她的丈夫、战友边元仁,系黄埔军校第三期毕业生,也是一位主张反蒋抗日的血气男儿。碧血化洪涛,丹心耀赤旗。大里水库坝下,不时迎来凭吊的人们。

  在离沿山村不远的地方,还有一个"红色堡垒"村——建岙。从鄞横公路(鄞江至横街)南端向北行至3公里处,有一个西去的岔路口,从路口向西是一个狭长的山岙,岙深1.5公里,状如"翻白鲤鱼"。这里山高岙深,出可控扼平原,入可匿藏雄兵,居民世代从事田猎,这就是鄞江镇的建岙村。在抗日战争时期,它是名闻遐迩的"红色堡垒"村。

  在抗日战争时期,梅园地区曾是中共鄞西区委、鄞县(鄞奉)县委、四明地委机关所在地。1937年"七七"事变后,鄞县城乡人民在革命志士的组织下,积极开展抗日救亡活动。1938年5月,中共鄞县县委成立。次年5月,改建成中共宁波(鄞县)中心县委。1940年3月,恢复中共鄞县

建岙村中共鄞奉县委及鄞奉县委会议旧址 —— 建岙小学

县委,下辖鄞东、鄞南、城区三个区委。8月,建立中共鄞西区委。同年7月,日军第一次入侵镇海,在抗日军民的英勇抗击下,敌军溃败。中共宁属特委在鄞东宝幢召开会议,根据当时形势,确定发动群众,组织武装,开展对敌斗争。鄞县县委遵照这一会议精神,从鄞西沿山地区有利于开展游击斗争出发,决定将工作重心从城区转移到鄞西沿山地区,建立抗日根据地。

建岙是梅园沿山地区的中心,远离城区,村贫民苦,山高岙深,回旋余地大,能守能攻。共产党通过国民党梅园乡乡长边春甫,将一些党员先后安排到梅园乡公所附近的建岙、梅溪等小学,以任教为掩护,开展党的工作,发动群众,创建了鄞西抗日根据地。1942年中共鄞奉县委驻在建岙,鄞奉县委第一次扩大会议就是在原建岙小学里召开的。中共四明地委成立后,曾以建岙村为驻地开展革命活动。在当时那个如火如荼的战争年代,建岙人用生命保护着县委和干部,建岙成为攻不破的"红色堡垒"。

建岙村路亭

　　为纪念党领导的这一地区抗日游击战争的光辉历程，1991年2月在紧靠建岙小学处建立了"鄞县革命史迹梅园陈列室"。陈列室位于建岙村口，是一座砖混结构的两层建筑，整体坐西北朝东南，四开间，其中左侧两间向南突出，建筑面积240平方米，1991年对外开放。一楼是接待、办公室，二楼为史迹陈列室。在一楼的楼梯口上方悬挂着一块题有"鄞县革命史迹梅园陈列室"11个大字的红色匾额，系由周飞同志题写。在二楼的陈列室里，迎面是以红旗为装饰的前言牌，接着是五部分陈列内容。它们分别是"党组织的重建和工作重心的转移""鄞西抗日根据地的创建""坚持斗争迎接解放""梅园英烈"和"梅园新貌"。陈列室共展出珍贵的历史照片56幅、现代风貌照片16幅、创作画7幅、图表4幅、革命文物20余件。

　　鄞县革命史迹梅园陈列室建立后，由当年的地下党员唐林菊专职负责日常清扫、管理和接待工作。每年有许多老同志、政府机关人员、群众和大中小学生来此参观学习，重温革命历程，接受革命传统教育。

　　"舞台方寸分善恶悬明镜，优孟衣冠辨忠奸启后人"，镌刻在沿山村蒋山庙戏台两边圆柱上的楹联，道出了沿山人的价值观。从为民除害到一心为民，在血脉上是相通的。

【十三】

世间风味鄞江颊（风物特产）

放养月光鱼

  中国是一个历史悠久的文明古国。在几千年的发展中,中华民族的先人们以自己的勤劳和智慧,创造了大量闻名于世的风物特产。这些风物特产是中华民族优秀文化的重要组成部分,也是人类的物质文明与精神文明的完美体现。中国的风物特产种类繁多,分布面广,数量惊人。

  各地的风物,由于受地理、环境、气候的影响,千差万别,各具特色。鄞江的山是"望去西山千万重",是"诸山个个欲争雄",鄞江的水是"闲看门前碧玉流",是"百里长堤几曲弯",是"清可照人心",故而"光溪山水甲明州"。鄞江又因为"往代光溪曾设州",故而"至今民物此中稠"。历史上鄞江就有比较知名的物产,万斯同曾说:"小溪橘柚旧知名,未入园林气已馨。象坎梨头建呑栗,一般佳味此为兄。"《鄞县通志》曾说:"鄞江无席产,以贝母、生丝、竹木、茶为主要生产力。"郑獬曾说"鄞江鲜鱼甲如银"。……随着时代变迁,鄞江的物产有的消亡,有的传承下来,有的新生,结合历史与现实,在此梳理蕙江青鳊、光溪银鱼、樟溪青蛳、鄞江锦鲤、前门白鹭、响岩鸬鹚、它山白茶、清源芋艿、东魁杨梅、小溪贝母、贝母地菜、夏生萝卜等特产,同时附带介绍一下区级以上的非物质文化遗产。

一、风物特产

(一)"酌它山之水,烹蕙江槎头之鳊"——蕙江青鳊

蕙江青鳊又称缩项鳊、槎头鳊,细鳞阔腹,头小极,脊高耸,缩项二字,尤为传神,长樟溪河深潭中。

全祖望在相关文献中多次提到蕙江鳊,如《桓溪旧宅碑文》"缩项之鳊,时出丙穴",《宝积庵记》"酌它山之水,烹蕙江槎头之鳊",在《句余土音》中更有专门的《蕙江鳊》,其诗曰:"溪水春大上,丙穴有青鳊。槎头项缩缩,悔逐出山泉。"

樟溪过它山堰称鄞江,古时两岸野生蕙兰甚多,春夏季节,水滨蕙兰竞放,煞是迷人,故鄞江又称"蕙江"或"兰江"。天下江河甚多,各有奇景,而鄞江,尤其是上游樟溪河有一江澄碧之水,则少矣。好水必出好鱼。蕙江青鳊是一种生活在淡水中的江鳊,它性喜洁净,喜结群畅游于清澈的活水里。

缩项鳊、槎头鳊,稽之于文献,确有悠久的历史,千年之前即负盛名。晋代文献《襄阳耆旧传》记载:"岘山下,汉水中,出鳊鱼,极肥美。"后人补注:"宋张敬儿为刺史,作六橹船献齐高帝,曰:'奉槎头缩项鳊一千八百头。'"《襄阳志》载:"汉江出鳊鱼。土人以槎断水,鳊多依槎,因号槎头鳊。"

此鱼肉细肥美,是高档宴会的常见佳肴,曾受到历代文人食客的赞美。唐孟浩然诗:"鸟泊随阳雁,鱼藏缩项鳊。停杯问山简,何似习池边。"

唐彦谦诗："新酒秦淮缩头鳊，凌霄花下共流连。"宋欧阳修诗："磊落金盘灿粼粼，槎头缩项昔所闻。"明《襄阳四季歌》："适情细脍槎头鳊，洽欢满泛宜城酒。""放船钓取槎头鳊，胜沽白酒宁论钱。"苏轼诗："谁言解缩项，贪饵每遭烹。"吟诵这些诗句，大有鱼香扑鼻，酒香醉人之感。

（二）"光溪山水甲明州，月光银鱼闪闪游"——光溪银鱼

月光鱼，是鄞州区樟溪河一带的传统名贵鱼种，主要生长在光溪段，因为喜跳跃，鱼背显银光，看起来如月光，当地人形象地称之为月光鱼，我把它命名为"光溪银鱼"。

月光鱼，学名细鳞斜颌鲴，喜欢生长在水质清澈的溪河里，从蜜岩溪水深潭一直到小溪鄞江桥、定山桥下，几乎整个流域都有成群的野生月光鱼游弋。特别是每当夏季，成群的月光鱼在水下卵石上吸吮青苔或虫卵，犹如水下有无数闪光灯在闪耀发光，确是樟溪河流域的特有奇观！

月光鱼性喜摄食水底着生藻类和植物碎屑，有助于减缓水体富营养化污染的进程，有净化水体、改善水质、减少污染、保护生态环境的特殊功能，被称为生态鱼。

月光鱼在1—2龄生长最快，一般1龄鱼体重可达150—200克，2龄鱼体重可接近500克，平均体重在479克左右，最大个体可达1—2千克。2龄以后生长速度明显变慢。月光鱼体形美观，色泽鲜艳，含肉量高，蛋白质含量高达百分之二十五以上，鱼肉含丰富的DHC，可增强记忆力，胆固醇含量低，营养价值高。加之月光鱼为自然生长，以天然饵料为食，无任何添加剂，纯天然无污染，肉质细腻，无土腥味，骨刺少，鲜嫩可口，口味极佳，成为一种具有较高经济价值的绿色优良鱼类品种，深受当地群众青睐，并成为宴请贵宾的上佳菜肴。

由于生态环境恶化，月光鱼一度几乎绝迹。2007年，鄞江镇的养殖户姚法银成功培育出人工繁殖的月光鱼，月光鱼再次回到了人们的视线中。自2008年初开始，在樟溪河所流经的鄞江、龙观、章水镇三地，每年连续成功放流几十万尾月光鱼鱼苗，月光鱼终于重新回到了樟溪河，对

增加鄞州区内陆河流的渔业资源,改善水环境起到了积极的作用。

(三)"日头落山,青蛳摆摊"——樟溪青蛳

青蛳生长在宁波最美溪流樟溪河中。这种螺蛳个头比普通螺蛳小,普通的螺蛳生长在有淤泥的地方,螺蛳壳都是黑褐色的,青螺蛳长在溪水清清、卵石丛生的樟溪中,不但壳身泛着淡淡的绿色,内脏和肉也呈灰绿色。青蛳之名因此而得。

青蛳有怕光、冬眠习性,所以每年4至10月才有大量青蛳应市。每年清明前后,经过一季的冬眠,积攒一身肥膏的青蛳,趁着大好春光打算孕育下一代,这个时候螺肉特别肥美,也正是食用青蛳的最佳时节,因此民间也有"清明螺赛只鹅"的谚语。明代高启有"五斛青螺一日销,迷楼深贮万妖娆"的诗句,把美女的高髻比作青螺,而"五斛青螺一日销",说的是清明时节螺蛳特别好卖,日销五斛。再往后青蛳里开始有小籽,肉也会变瘦,其味就稍逊了。每当夕阳西下,青蛳就懒洋洋地爬上卵石,正是人们捡食的好时候,当地百姓形象地概括为"日头落山,青蛳摆摊"。

青螺蛳原料独特,做法同样有讲究,最简单的就是水煮,能得其真味。具体方法就是用清水洗净,然后放在淘箩里,让青蛳头伸出,再把锅里水烧至沸点,迅速将青蛳倒入,片刻后又沸腾时放点盐,即可食用。也可用溪水将青蛳淹没,缓火转至猛火至沸即可。青蛳味微苦,极鲜美,多吃不厌,夏天喝一口透着略微青色的螺蛳汤,还有清凉降火、清心明目的功效,可谓螺蛳中的上品。

(四)"方池如鉴碧溶溶,锦鲤游扬逐浪中"——鄞江锦鲤

锦鲤是风靡当今世界的一种高档观赏鱼,有"水中活宝石""会游泳的艺术品"的美称。锦鲤体格健美、色彩艳丽、花纹多变、泳姿雄然,具极高的观赏和饲养价值。中国自古也有"鲤鱼跳龙门"之说,喻人飞黄腾达,官运亨通。早期锦鲤只是达官显贵的观赏鱼,后来,锦鲤在民间流传开来,人们则把它看成吉祥、幸福的象征。锦鲤最早的记载见于西晋时期。中

国古代宫廷从唐代开始就已经有大规模养殖锦鲤的记录,距今已有1000多年历史。

鄞江郭斌养鲤场享誉国内外,为宁波市最早开展锦鲤养殖的基地,建有80多亩锦鲤培育基地,1万多平方米锦鲤培育温室。它采用世界最先进的养殖设施,引进优质种鱼,并建设国内顶级的集科研、生产、展示与拍卖为一体的综合性锦鲤拍卖展示基地。近年来,通过实施"优质锦鲤引进优化配对与仔鱼定向培育试验"项目,培育出昭和、红白、红写、大正、孔雀等一系列优质品系,所产锦鲤达到世界顶级水平,年产优质锦鲤10万尾,精品鲤1万尾,优选率达1%,比养殖初期提高了10多倍。在国内外大型的锦鲤展会中,获奖120多项,自产锦鲤拍卖最高价30万元/尾,都创国内新高。2011年始,郭斌养鲤场实施"走出去"的策略,通过创新技术合作模式和拓展销售网络渠道,年实现锦鲤销售2000多万元。同年,中国水产学会同意鄞州成立中国锦鲤拍卖中心。拍卖中心设在郭斌锦鲤养殖精品园,是世界上为数不多的国家级锦鲤拍卖(交易)中心之一。现为鄞州区首家省级现代渔业园区。

(五)"雪衣雪发青玉嘴,群捕鱼儿溪影中"——前门白鹭

白鹭是一种大中型涉禽,颈、脚甚长,两性相似,全身洁白。栖息于开阔平原和山地丘陵地区的河流、湖泊、水田、海滨、河口及其沼泽地带,多在开阔的水边和附近草地上活动。白鹭只在白天活动,步行时颈项收缩成S形;飞时颈亦如此,脚向后伸直,超过尾部。以甲壳类、软体动物、水生昆虫以及小鱼、蛙、蝌蚪和蜥蜴等动物性食物为食,边走边啄食。繁殖期4—7月,营巢于高大的树上或芦苇丛中,多集群营群巢,有时一棵树上同时有数对到数十对巢,亦与苍鹭在一起营巢,由雌雄亲鸟共同进行。巢较简陋,通常由枯枝和干草构成,有时巢内垫有少许柔软的草叶。产出第一枚卵后即开始孵卵,孵卵工作由雌雄亲鸟共同承担,孵化期25—26天,雏鸟孵出后由雌雄亲鸟共同喂养,大约经过1个月的巢期生活后即可飞翔和离巢。

鸬鹚

"澄浪潭内鱼儿肥,前门山下白鹭飞",鄞江山清水秀,有江岸、河滩、溪流、稻田,是白鹭活动和觅食的天堂,前门山一带左江右溪,茂林修竹,平畴旷野,为白鹭栖息地。每年4至7月份,上万只白鹭栖息前门山,集群繁殖。每到日落时分,归巢的鹭鸟从四面八方涌向这里。"惊飞远映碧山去,一树梨花落晚风。"鹭鸟于林间翩飞,鱼儿在溪中浅游,构成了美丽的水乡风光,令人向往。

白鹭是国家二级保护动物,被称为"大气和水质状况的监测鸟",享有"环保鸟"的美誉。前门山能成为白鹭的天堂,证明了鄞江生态环境的恢复,同时这里还有淳朴善良的村民守护着白鹭。

(六)"深水有鱼衔得出,看来却是鸬鹚饥"—— 响岩鸬鹚

鄞江、洪水湾、清源溪相汇之响岩,为唐贺知章隐居、垂钓之处。旧时生态环境优美,水中多鱼,树林茂密,野生鸬鹚云集,为鸬鹚群集栖息地。

普通鸬鹚是大型水鸟。体长72—87厘米,体重大于2千克。通体黑色,头颈具紫绿色光泽,两肩和翅具青铜色光彩,嘴角和喉囊黄绿色,眼后下

方白色,繁殖期间脸部有红色斑,头颈有白色丝状羽,下胁具白斑。野生鸬鹚常成群栖息于河川和湖沼中,夏季在近水的岩崖、高树或沼泽低地的矮树上营巢。性不甚畏人。在水中游泳时身体下沉较多,颈向上伸直,头微向上仰。善游泳和潜水,潜水时首先半跃出水面,再翻身潜入水下。主要通过潜水捕食。潜水一般不超过4米,但能在水下追捕鱼类达40秒,捕到鱼后上到水面吞食。有时亦长时间地站立在水边岩石上或树上静静地窥视,发现猎物后再潜入水中追捕。

据元袁桷等撰《四明志》卷第七记载:"响岩,县西南五十五里句章乡,岩石壁立,下浸江水,水北作声,则岩中答之,故曰响岩。有影如佛像,故又名佛影岩。天寒有鸬鹚数百为群集于岩上。故又名鸬鹚岩。"

普通鸬鹚在中国南方是较普遍和常见的,长期以来就被人民群众驯养用来捕鱼。由于长期大量捕捉和环境破坏,野生种群数量已变得很稀少和不常见。驯养的鸬鹚也越来越少,就连南塘河上鸬鹚捕鱼都成了非物质文化遗产,传承人只剩洞桥镇沙港村85岁的庄根华和79岁的张圣华二位老人了。鄞江的开发,其实鸬鹚捕鱼是可以作为表演性一景的。

(七)"南方有嘉木,丹丘出大茗"——它山白茶

它山堰白茶基地在清源溪的清秀岭上,属四明山正东脉。四明山具有良好的宜茶环境。山地面积2400多平方千米,最高峰近千米左右,平均海拔约四五百米,植被良好,山地肥沃,四季分明,气候宜人,雨量充沛。目前年平均气温为16.2摄氏度,年平均降水量1300至1400毫米,十分适宜种茶,各地均有野生茶资源。西晋惠帝(290—306年在位)时道士王浮所著《神异记》载"虞洪丹丘获大茗"的故事就发生在四明山。清源溪清秀岭一带就是典型的丹丘地貌。明朝张东沙有诗云:

　　山人笑我雨还游,雨里看山山更幽。
　　密树丛中清涧出,虚岩洞口白云稠。
　　僧因好客来偏惯,鸟为留春啭未休。

> 石径苍苔尘不到,人间只此是丹丘。

好一个"人间只此是丹丘",这里是丹丘,这里出"大茗",也就是产好茶的地方。历史上这里确实也出过好茶,磨石岙雀舌、天井山茶、观顶龙团都是文献记之确凿的。

清秀岭它山堰白茶基地群山叠嶂,云雾缭绕,平均海拔 160 米左右,气候适宜,土壤肥沃,从晋唐开始就有茶叶栽培。又用清澈的清源溪水沼液喷灌,保证了茶叶质量。茶园为鄞江镇白茶主产地,自 2001 年 10 月引进白茶品种,目前种植面积约 500 亩,年产量已达 1500 公斤。这里出产白茶外形匀整细秀,形如凤羽,色泽鲜亮;冲泡后,嫩香持久;滋味鲜爽甘醇;汤色鹅黄,清澈明亮;叶张玉白,茎脉翠绿。该白茶富含人体所需的 13 种氨基酸,其中茶氨酸占 50% 以上,许多绿茶比之不及。常饮此茶可以提高人的免疫功能,有利于人的健康。

俗话说:名山名水名茶。当地人自创品牌,以它山堰名白茶,2005 年、2006 年连续两届荣获宁波国际茶文化节"中绿杯"金奖,成为当地的绿色无公害名优农产品,产品供不应求。

(八)"八月十六过中秋,又到芋艿飘香时"——清源芋艿

鄞江镇优质早熟芋艿基地位于鄞江镇金陆、清源、悬慈等村。"清溪贯村流,青山围南北"。其地清秀岭、蜘蛛岭两岭相夹,三面环山,地理位置优越。发源于雪岙、李岙的清源溪穿村而过,溪水清澈,两岸栲树成林,苍翠蓊郁。历史上冲积而成的良田沃野,阡陌纵横。山清水秀,青秀奇丽,绿满村野,一个"青"字,道出了其特色。这里与奉化芋艿头主产地萧王庙仅隔一山,土壤、气候、温湿度相似,芋艿品质绝不在奉化芋艿之下。更由于种植基地内无工厂、矿山、大型牧场,常年雨量充沛、空气清新、土壤肥沃,形成了独特的纯净自然生态环境,产出的芋艿外表圆润美观,去皮后清白如玉,肉质细腻幼滑,爽而不黏,成为人们经常食用的一种蔬菜。

基地常年种植面积为 1000 亩左右,通过推广地膜覆盖方法,缩短了

芋艿

生育期,促进早熟,可于7—8月份上市,比传统栽培方法提早了2—3个月。其价格高,效益好,既丰富了居民的菜篮子,又增加了基地农户的收入。该项技术的推广使鄞江镇早熟芋艿在市内赢得了较高的知名度,目前生产规模、销售数量在本市均处于领先地位。

  2001年,清源芋艿就已注册了"清沅"商标,并进行了"绿色食品"认证。2002年11月被认定为浙江省无公害农产品基地,2006年8月被认定为部级无公害农产品。

  芋艿营养丰富,是当之无愧的菜、粮、药,身兼三职的餐桌高手!芋艿的食用方法很多,蒸、煨、烤、烧、烩、炒均可,只要烹制得法,都可成为美味佳肴。芋艿,可咸可甜,既可作为菜肴,又可作为甜品。能和芋艿搭配的美食达100多种,简直可以拼成一桌色香味俱全的芋菜全席了!而羊尾笋芋艿排骨汤、葱油芋艿、乌头葱烤芋艿、芋头烧肉、雪里蕻咸菜卤烤芋艿头、猪油渣芋艿羹、鸭子炖芋艿、臭芋艿蓊、火缸焐芋艿,都是极具鄞江特色的菜肴。芋艿的潜力还很大,煮芋粥、蒸芋饼、炊芋果、炸芋块、捣芋泥、搓芋枣都行,鄞江的农家乐应该好好地开发下了。

东魁杨梅

（九）"六月杨梅熟，城西烂紫霞"—— 东魁杨梅

山颠带海涯，竹树映禾麻。
雪挹猫儿笋，雷惊雀嘴茶。
瑞香金作叶，茉莉玉为葩。
六月杨梅熟，城西烂紫霞。

这是明代名臣、栎社人杨守陈的《宁波杂咏》，记录了明代鄞州的风情。在宁波，不仅余姚、慈溪产杨梅，鄞西一带也是著名的杨梅产地。

余姚、慈溪一带出产的最负盛名的是珍品荸荠种杨梅，果中大，正扁圆形，呈淡紫红色至紫黑色，肉质细软，味清甜，汁液多，具香气。它的弱点是采摘期短，不易保存，民间有"夏至杨梅满山红，小暑杨梅要出虫"之说。宁波城西的梅园村，虽然在历史上也种植杨梅，夏至杨梅熟时，也是"千林红绽火含珠"，但它的名气被余姚、慈溪杨梅所掩，被它自己的十里

杨梅

梅花林所掩。如今,梅园人在种植传统的荸荠种杨梅外,又大量引种东魁杨梅,成为鄞州区东魁杨梅最早的规模种植基地。基地占地面积达3000亩,成立了全区首家杨梅专业合作社,注册了"清源"商标,统一了技术规程,推行了标准化生产。2002年6月,东魁杨梅在浙江省首届杨梅节上被评为省级"精品"杨梅,2003—2005年又连续通过了省无公害农产品基地和省级无公害农产品的认定,是目前宁波地区最大的东魁杨梅生产基地,入选全市十大名果。

东魁杨梅,又名东岙大杨梅,该品种树势强壮,树姿直立,发枝力强,树冠呈圆头形,枝梢节短。叶大,倒披针形。果实较大,圆圆的,大小和乒乓球差不多。果实特大,纵径3.5—3.7cm,平均单果重25g,最大单果可达55g,为目前果型最大的杨梅品种。其果面呈紫红色,果肉呈红色或浅红色;果面缝合线明显,果蒂突起,成熟时保持黄绿色;肉柱稍粗,先端钝尖；核小，汁多，甘甜，风味浓，口感上乘，被称为"杨梅之王"。

梅园风情别样天。梅园一带，山水秀美，古迹众多，有宝严寺、楗楂南庙、梅溪、华兴岩、楗楂祖庙、一线天（断坑岩）、祖庙水库等，别具鄞西风情。近几年，鄞江镇的杨梅产业发展迅速，除了单纯的销售以外，还举办杨梅节，大力开发旅游采摘项目，"尝清源杨梅，爬断坑岩，游古庙祖寺"成为响亮的口号，吸引越来越多的市民前去体验自助采摘游，边品尝杨梅，边欣赏秀美风光。

鄞江东魁杨梅声名鹊起，"六月杨梅熟，城西烂紫霞"，越来越名副其实了。

（十）"种谷无如种药材，南村沙地尽堪栽"——小溪贝母

鄞江一带是浙贝的主要产地。甬上象山先植浙贝，后于清朝中晚期移栽鄞县小溪、鄞江一带，这一带百姓多以种贝为生，小溪贝母已有300多年历史，闻名全国。万斯同在《鄮西竹枝词》中写道："种谷无如种药材，南村沙地尽堪栽。"《象山县志》也记载，象山"有种植浙贝历史，以后移栽鄞县小溪、鄞江一带，有万人种贝以此为生……"

贝母，是百合科多年生草本植物乌花贝母、卷叶贝母、罗氏贝母、甘肃贝母、梭砂贝母等贝母的地下鳞茎。其鳞茎供药用，有止咳化痰、清热散结之功。贝母之名，始载于《神农本草经》，被列为中品。陶弘景谓之"形似聚贝子，故名贝母"。浙贝母为大宗常用中药材，又名大贝、象贝、元宝贝，是著名的"浙八味"之一，是名贵中药，性寒、味苦，有清热、化痰、润肺、散结之功效。行销中外市场，在国内外享有盛誉。

浙贝母少有野生，种植贝母对土壤要求很高，适宜于在砂质、透水性好、地面坡缓、排水良好、耕作层疏松肥沃的土壤中生长。种植贝母一般选择河流、山脚、大溪两侧的冲击土为最好。土层深厚、富含腐殖质、沙质壤上排水良好的，可与前茬作物玉米、大豆、甘薯等作物轮作。鄞西南樟溪河两岸多为沙土冲积而成，土质、气候均适宜种植贝母。故其所产浙贝品质优良，古今驰名。

种植贝母

种植贝母是当地农民致富的主要渠道,历史上也是如此。民国《鄞县通志》记载:"本邑鄞江两岸,土地肥沃",而此地"桑麻遍野,鸡犬相闻。其土最肥,土下种贝母,土上可种莱菔、雪菜,则一举两得,获利十倍于禾"。

2002年鄞州区被农业部评为"中国浙贝之乡"。2003年,其所产贝母被评为"宁波市名牌"产品。

(十一)"三日不吃咸齑汤,脚骨有眼酸汪汪"——贝母地菜

鄞江一带在贝母地套种雪里蕻称"贝母地菜",是腌制咸菜的上好原料。

雪里蕻又名雪里红。《广群芳谱》载:"四明有菜,名'雪里蕻'。雪深诸菜冻损,此菜独青,雪里蕻之得名盖以此。味稍带辛辣,腌食绝佳。"明末鄞县诗人屠本俊在所著的《野菜笺》中记载道:"四明有菜名雪里

贝母　　　　　　　　　　　　　　雪里蕻

蕻……诸菜冻欲死,此菜青青蕻尤美。"这颗小菜不仅入了群芳谱,到了清代,王士雄在《随息居饮食谱》里更详细记载了它的腌制、吃食方法:"(雪里蕻)晾至干瘪,洗净,每百斤以燥盐五斤,压实腌之,一月后开缸,久藏不坏,生熟皆宜,可为常馔,陈久愈佳,香能开胃,最益病人。用时切食,荤素皆宜。"

鄞西一带是我国著名的浙贝之乡,种着名贵中药材贝母。从贝母下地到发芽要三四个月,因为人多地少,在此期间人们套种各种蔬菜。贝农们大都种雪里蕻菜,深秋时节,贝母种下后,农民在土地的表层撒些雪里蕻菜籽,到小雪节气后雪里蕻就大量上市了,否则要影响地下贝母发芽。由于种贝讲究,不施化肥,上面覆盖的是一层厚厚的农家肥,所以种出来的雪里蕻菜茎长、叶阔、株大、菜青、叶嫩,人们给了它一个独特的名称:贝母地菜。用贝母地菜腌的咸齑,又脆又鲜又香,口味特别好。清朝李邺嗣诗赞:"翠绿新齑滴醋红,嗅来香气嚼来松。纵然金菜琅蔬好,不及吾乡雪里蕻。"

宁波人喜吃咸菜,乡谚曰:"三日不吃咸齑汤,脚骨有眼酸汪汪。"咸齑的吃法有多种,荤素不限,是菜中百搭。咸菜可以生吃,可炒着吃,也能

咸菜烧鱼

用来烤煮,当然,咸齑最适宜的还是煮汤,咸齑番茄汤、咸齑扁笋汤,都是消暑佳品,还有咸齑肉丝汤、咸齑年糕汤,当然最著名的当数咸齑大黄鱼汤,列宁波名菜之首。不仅咸齑好吃,就连咸齑卤也有大用处,用咸齑卤清蒸海鲜,既去腥又增鲜,成为宁波人的挚爱。而鄞西独具特色的则是笋脯咸齑。春笋上市时,将毛笋刨成丝,与咸齑烤制,拣好天气,三日晾干,即为传统特产笋脯咸齑。所制笋干菜色泽清白,香气浓郁,吃时鲜嫩清香,回味悠久,而且携带食用都很方便。其食法与梅干菜相同,可以泡汤、油焖、清蒸,也可作为烧肉、烧鱼、炖鸭、煮豆腐等菜的配料,成为人们一年四季不离的菜肴。

(十二)"横铺石板鄞江桥,夏生萝卜晴江岸"——夏生萝卜

《鄞县通志》云:"本邑鄞江两岸,土地肥沃……桑麻遍野,鸡犬相闻。其土最肥,土下种贝母,土上可种莱菔、雪菜,则一举两得,获利十倍于禾。"莱菔就是萝卜。农学家王祯在《农书》中针对萝卜不同的生长时期,说:"春曰破地锥,夏曰夏生,秋曰萝卜,冬曰土酥。"季节不同,名称也相

带鱼萝卜　　　　　　　　　　　　　　　萝卜

异。晴江岸以产夏生萝卜闻名。

明朝李时珍说:"萝卜,生沙壤者脆而甘,生瘠地者坚而辣,根、叶皆可生可熟,可菹可酱,可豉可醋,可糖可腊可饭,乃蔬中最有利益者。"晴江岸村前扇形的良田质地砂壤、透水性好、地面坡缓、排水良好、耕作层疏松肥沃,不仅绝适宜种植贝母,也绝适宜夏生萝卜的种植。元朝许有壬《芦菔》诗云:"性质宜沙地,栽培属夏畦。熟登甘似芋,生荐脆如梨。"萝卜到处有,而以晴江岸疏松之沙质壤土产者为最佳。

二、非遗风采

鄞江镇非物质文化遗产是鄞江历史的见证和鄞江文化的重要载体,蕴含着鄞江人民特有的精神价值、思维方式、想象领域和文化意识,体现着中华民族的生命力和创造力。目前鄞江镇有国家级非遗宁波走书1项,省级非遗鄞江它山庙会1项,市级非遗打铁1项,区级非遗泥雕、石雕2项。此外尚有传统手工剃头(理发)、红帮裁缝、甬式糕点制作、土法酿酒、弹棉花工艺等。现按公布材料录区级以上非遗于下：

（一）宁波走书

传承人：闻海平、沈健丽

传承基地：鄞江镇养正学堂

简介：宁波走书在2008年6月列入第二批国家级非物质文化遗产名录。宁波走书在清同（治）光（绪）年间由艺人演唱于茶坊酒肆，至民国初期鄞江镇就有得意楼茶坊演出走书。后逐渐流传至农村街坊，分双档、三档走书，演出场地简易，演员边走边唱，由此由"莲花文书"改称"宁波走书"，书目多为历史演义小说改编，表演技巧为"说、学、唱、噱"，念白多用宁波方言。鄞江镇政府在具有清代建筑风格的养正堂内布置宁波走书传承基地，利用实物、图片、视频，诠释宁波走书的起源及演变历史，让更多的人了解、认识宁波走书非遗项目的魅力。

闻海平于20世纪80年代初，先后拜宁波曲艺界老前辈张翠菊、郭鹏飞为师，从此登上宁波曲艺舞台。其表演特点鲜明，吐字清晰，现场走动幅度大，善于打斗，能唯妙唯肖地模仿人物、各地方言。2010年成为宁波走书代表性传承人。

（二）鄞江它山庙会

传承人：崔忠定、陈思光

传承基地：鄞江镇它山文化研究中心

简介：鄞江它山庙会于2012年列入浙江省非物质文化遗产名录。鄞江它山庙会历史悠久，自北宋咸平四年（1001）王元暐祠扩建为它山庙始，至今已有千余年历史。它山庙会是为纪念建造它山堰的功臣王元暐和为造堰殉身的壮士，以及历代修堰兴水利的名宦、乡贤而设立的民俗祭祀活动。它山庙会，全年分为农历"三月三""六月六""十月十"三会，统称鄞江它山庙会。庙会有着浓厚的乡土气息和广泛的参与性，但在民国初期，由于战火纷乱一度停办，抗战胜利后又再兴庙会。20世纪70年代

锤铁

初,庙会演变为物资交流会。2009 年,鄞江镇政府在百姓呼吁下,恢复举办鄞江它山庙会,集"祭、游、戏、市、谊"五大庙会元素,具有深厚的历史文化内涵,是集社会风俗、礼仪、节庆、旅游、商贸于一体的一种民间民俗文化现象。

(三)打铁

传承人:王惠君

传承基地:鄞江镇悬慈村王惠君打铁铺

简介:鄞江打铁技艺于 2010 年列入宁波市非物质文化遗产名录。打铁是自人类进入铁器时期起就开始产生的一种原始的锻造工艺。农耕社会的生产和生活都离不开打铁铺锻造的产品,现在虽已进入现代化工业社会,但很多产品仍需要铁铺手工锻制。

王惠君于 1966 年起师从其父学艺打铁,现为夫妻作坊生产。主要制

泥雕

作菜刀、火钳、锅铲、铁勺、门环、铁环等生活用具和锄头、铁耙、镰刀、锥子等生产工具。

（四）泥雕

传承人：李子晖

传承基地：鄞江镇中心小学

简介：鄞江泥雕于2010年列入鄞州区非物质文化遗产名录。泥雕艺术是我国一种古老的民间艺术，可上溯到距今4千至1万年前的新石器时期，它以泥土为原料，以雕、塑、捏为主要制作手法，作品或素或彩，以人物、动物为主。鄞江镇中心小学从2006年开始安排泥雕教学，兴建泥雕专用教室、泥雕作品展览室，以兴趣小组的形式，传授各种泥雕技法，开展丰富多彩的泥雕展览及现场制作活动，制作了校本教材《泥雕》，形成具有自身特点的教学体系。

李子晖，毕业于华东师范大学美术学专业，在校期间开始学习陶瓷艺术。2011年毕业后进入鄞江镇中心小学，负责泥雕社团的教学课程。

（五）石雕

传承人：鲁财定

传承基地：鄞江镇财丰石料加工场

简介：鄞江石雕于 2012 年列入鄞州区非物质文化遗产名录。自石器时代起，石材开始作为工具使用，后大量用于建筑材料，现今在村落里还能见到年代久远的石雕艺术品。采石业在古代是鄞江的一大特色行业，石材除大量用于建筑材料外，同时衍生出工艺精良的石雕作品流传于世，如今存放在东钱湖石刻博物馆的石翁仲、石人像，日本奈良东大寺前的石狮等都源自鄞江梅园石。鄞江镇内已列为鄞州区文物保护单位的古采石场遗址有 4 处：上化山古石宕遗址、天塌宕古遗址、马鞍岗古石宕遗址、华兴宕。

鲁财定于 2002 年由泥瓦匠改行从事石雕艺术、石材加工，能雕刻石狮、石桌、石凳、栏杆、墓道石刻及各种建筑石构件。相关制作作品有：石牌坊、石照壁、石雕装饰、桥栏杆、石狮、石桌、宗教场所须弥座等。